HISTOIRE DES CHEVEUX

du même auteur
chez le même éditeur

HISTOIRE DES LARMES
LE PASSÉ
LE FACTEUR BORGES
LA VIE PIEDS NUS

du même auteur
dans la collection « Titres »

WASABI

ALAN PAULS

HISTOIRE DES CHEVEUX

Traduit de l'espagnol (Argentine)
par Serge MESTRE

CHRISTIAN BOURGOIS ÉDITEUR ◊

Titre original :
Historia del pelo

Ouvrage publié avec le soutien
du programme « Sur » d'aide à la traduction
du ministère des Relations extérieures,
du Commerce international et du Culte
de la République d'Argentine

ISBN 978-2-267-02110-3

Pour Vivi

Il ne se passe pas un jour sans qu'il pense à ses cheveux. À se les couper beaucoup, un peu, à se les couper rapidement, à se les laisser pousser, à ne plus jamais se les couper, à se tondre la tête, à se raser le crâne pour toujours. Il n'y a pas de solution définitive. Il est condamné à s'occuper sans cesse de cette question. Ainsi donc, il est esclave de ses cheveux, qui sait, peut-être jusqu'à en crever. Mais même dans ce cas. Ou vous n'avez pas lu que… ? Les cheveux ne continuent-ils pas à pousser chez les… ? Ou étaient-ce plutôt les ongles ?

Une fois, en été, fuyant la chaleur – il est quatre heures de l'après-midi, il n'y a presque personne dans la rue –, il entre dans un salon de coiffure désert. On lui lave les cheveux. Il est penché en arrière, la nuque reposant sur le bac en plastique. Bien qu'il soit mal à l'aise, qu'il ait mal aux cervicales et qu'il soit un peu inquiet de cette nonchalance avec laquelle son cou semble s'offrir à la lame du premier égorgeur venu, le massage des doigts, le doux nuage de parfum végétal qui se dégage de sa tête et la pression des jets d'eau tiède l'enivrent, le transportant peu à peu vers une espèce de rêverie. Il ne tarde pas à s'endormir. La première chose qu'il aperçoit lorsqu'il rouvre les yeux, si proche qu'il l'aperçoit hors-champ, comme dessiné à la surface d'une étendue de sables mouvants, c'est le visage de la fille qui lui lave la tête, penché au-dessus de lui, inversé, son front à elle suspendu à hauteur de sa bouche à lui. Que fait-elle donc ? Elle le renifle ? A-t-elle l'intention de l'embrasser ? Il ne bouge pas, la surveillant de ses yeux aveugles, jusqu'à ce que la fille, au bout de quelques secondes de concentration pendant lesquelles elle se retient même de respirer, intercepte avec son ongle long et aiguisé un affluent de shampoing qui, égaré, était prêt à lui couler dans l'œil. À peine réveillé, malgré tous ses efforts, il ne parvient pas à se rappeler à quoi ressemblait vraiment son visage, dix minutes auparavant, lorsqu'il venait tout juste de pénétrer dans le salon de coiffure et qu'il l'avait aperçue pour la première fois, que sans hésiter elle s'était dirigée vers lui pour demander : « On vous lave la tête ? » À présent elle est si près de lui qu'il serait bien incapable de la décrire. Il pourrait bien tomber amoureux d'elle. De fait il ignore s'il n'est pas déjà tombé amoureux, en ouvrant les yeux et en découvrant son visage presque collé au sien, gigantesque, un peu comme au cinéma lorsqu'il s'endort pendant plusieurs secondes et qu'au moment de se réveiller il se soumet au charme, presque infaillible, de la première chose qu'il aperçoit sur l'écran.

Peu importe si c'est un paysage qui fait son apparition, un pan de mur grignoté par une plante grimpante, une avenue fourmillant de monde, un troupeau d'animaux, le fameux portail de l'usine des frères Lumière – la première image est toujours celle d'un visage. Le visage est le phénomène par excellence, le seul objet d'adoration pour lequel il n'existe ni défense ni solution. Il apprend cela alors qu'il est très jeune, en traduisant Shakespeare, après qu'un théâtre municipal lui a commandé une version en espagnol moderne du *Songe d'une nuit d'été*. Il traduit le texte à toute vitesse, en état de transe, de la même façon qu'il traduit à l'époque tout ce qui lui tombe sous la main : modes d'emploi pour appareils électroménagers, dialogues de film, Kant, essais de théologie de la libération, psychanalyse lacanienne, autant de commandes qu'il se dispose à taper à la machine aussitôt après les avoir acceptées, selon la définition qu'il donne alors de la traduction, puis qu'il recrache dans une espèce de vertige digestif complètement dément. Mais ensuite, après avoir remis son travail et le moment venu de recevoir les commentaires du metteur en scène qu'on a engagé pour monter la pièce, un ex-acrobate minuscule qui utilise un fume-cigarette et crache la fumée de travers, par l'arcade que lui a laissé sur le côté une molaire disparue, il perd tout le précieux temps gagné grâce à sa méthode de traduction express, il le perd sans espoir, au moment où il s'aperçoit qu'il est en train de retourner chez lui avec les quatre-vingt-cinq pages de sa version et la suggestion, l'ordre plutôt, étant donné que les répétitions commencent dans une semaine, de leur insuffler un ton légèrement plus juvénile – justement lui, qui n'a pas encore vingt-trois ans et semble en avoir quarante –, de couper des pages entières de vers prétentieux, de parsemer le texte des mêmes fruits reluisants et désolants que d'habitude, blagues insignifiantes, allusions à l'actualité locale, chansons ridicules, la seule façon, d'après ce que lui avoue honteusement le metteur en scène, de vendre un Shakespeare à ces hordes d'élèves du secondaire qui bientôt, à leur tour forcés d'acheter des places par leurs écoles, principaux clients, sinon les seuls, de ce genre d'initiatives du théâtre municipal, feront résonner leurs salves d'éclats de rire et leurs éructations dans le circuit des salles moribondes qui persistent à les programmer.

Le théâtre ! C'est de cette expérience, cependant, que lui, un être plutôt penaud, peu enclin à se socialiser, tire avant tout la façon dont il se force à s'ouvrir au monde, le besoin – dans son cas absolument inédit – de soumettre son travail à l'opinion, aux idées, au goût des autres, et éventuellement de le corriger si sa traduction, aussi parfaitement qu'elle résonne sur le papier à peine expulsée de la machine, laisse en revanche à désirer dans la bouche des acteurs, ainsi que les répétitions le mettent souvent en évidence, ou s'avère lisse et platement imprononçable. Habitué à travailler seul, à être son propre patron et à se passer d'associés, il lui est difficile de se fier à ce genre de sociabilité dont le théâtre se glorifie, inconditionnelle et capricieuse à la fois, qui de la même façon qu'elle démarre en fanfare lors de la présentation officielle de la distribution, qu'elle fleurit avec ce qu'on appelle le travail à la table, les répétitions, les essayages des costumes, les rivalités, le flirt indistinct, qu'elle se consolide enfin avec ces immenses laps de temps dilapidés en attentes, en retards, en crises de larmes dans les loges, en interminables fins de repas dans les cafés des alentours du théâtre, et qu'elle atteint le summum absolu avec la première, c'est également de cette façon qu'elle ne tarde pas à se dissiper avec le début des représentations, comme si tout cet échafaudage social articulé n'avait été mis en place que pour faire face aux exigences extrêmes des répétitions, et qu'il finissait par se dissiper quelques semaines plus tard, une fois que la pièce quitte l'affiche et que les mêmes personnes qui un mois auparavant auraient risqué leur vie pour n'importe quel autre membre de la distribution, prennent à présent une autre direction, s'éloignent en triste cavalcade, sans bruit, à la recherche de quelque nouveau contrat de travail. Malgré tout cela, lui – à son niveau, bien entendu, car il ne s'agit pas non plus de demander la lune –, adhère à cette fraternité instable avec un certain enthousiasme, comme qui entreprend un traitement médical dont l'efficacité est strictement proportionnelle aux sacrifices qu'elle requiert. Il y adhère également lorsqu'il s'expose aux malveillances auxquelles il est le moins préparé : par exemple, lorsque, tentant de vaincre sa timidité maladive, il entame une conversation avec une actrice qu'il voit pour la première fois de sa vie, qui lui plaît (même s'il peut s'écouler plusieurs mois avant qu'il ne le reconnaisse) et qui tout d'un coup, sans crier gare, tandis qu'elle mordille pudiquement le galon brillant qui borde une des petites ailes de son costume, le provoque en lui demandant s'il lui est déjà arrivé que la fée d'un bois des environs d'Athènes lui propose de lui sucer la bite dans les toilettes d'une loge de théâtre ; ou, comme cela s'est passé un après-midi qu'il n'oubliera jamais, qui des semaines plus tard le fait encore rougir, n'importe où que le souvenir l'assaille, par exemple lorsqu'il est obligé de traverser la vaste scène de la salle de répétition devant toute la distribution, vêtu de son petit pantalon de coton, de sa chemise à rayures, de son chandail en laine sans manches et de sa susceptibilité, signes de sa timidité, de sa fidélité à la convention et de la « peur de son corps » – comme il l'entend dire à quelqu'un à voix basse, tandis qu'il s'enfuit en dégringolant les marches – auxquelles il n'aurait jamais eu l'idée de réfléchir, tellement cela fait partie de sa nature, si l'air goguenard avec lequel les comédiens le regardent – eux qui ne sont vivants que si quelqu'un d'autre les observe – ne le lui avait reproché, tout comme le lui reproche à présent sa propre image dévalorisée et vacillante, se reflétant dans le miroir qui recouvre de part en part le mur le plus long de la salle.

Il tire de cette expérience un bouillonnement social, une excitation, le plaisir de dépendre des autres, de se prêter des collants, des chaussons de danse, du maquillage, des tampons, y compris ce besoin qu'ont les acteurs de s'embrasser et de tomber dans les bras l'un de l'autre pour un oui pour un non, plutôt propre à d'ex-camarades d'un voyage de fin d'études ou à des survivants d'une catastrophe aérienne qu'à des gens habitués à se croiser à longueur de journée sur la scène d'un théâtre, dans un cours de clown ou dans un de ces restaurants du centre-ville qui restent ouverts jusqu'au petit matin. En somme, il tire avantage de tout ce qui le contredit et le sort de son isolement, de son enfermement, au risque malgré tout de l'incommoder ou, comme cela lui arrive en ce moment, de lui faire jurer en secret que tout l'or du monde ne parviendra jamais à le convaincre d'écrire à nouveau une seule ligne pour le théâtre.

Cependant il retient du texte du *Songe d'une nuit d'été* proprement dit une trouvaille dont, pour quelque raison que ce soit, ni l'âge qu'il a ni celui qu'il aura ne lui permettront jamais de se remettre : c'est l'idée d'un philtre d'amour, déposé sur les paupières d'une personne endormie, qui forcera à son réveil le dormeur à tomber amoureux de la première chose qu'il verra en ouvrant les yeux, peu importe ce que ce sera, un animal sauvage, un enfant, une harpie édentée ou une beauté céleste. Le procédé fait son apparition dans la scène 1 de l'acte II, alors que le roi Obéron décide de le mettre en pratique sur Titania, sa femme, afin de lui ôter l'amour qu'elle éprouve pour un jeune page sur lequel il vient également de jeter son dévolu, mais en réalité cet artifice est à l'origine de tous les malentendus sentimentaux qui se multiplient dans la comédie. Touchés par l'élixir tandis qu'ils dorment, Titania, qui n'a de désir que pour son page, tombe amoureuse d'un acteur comique ambulant tout ce qu'il y a de plus vulgaire, Lysandre oublie son Hermia adorée pour se précipiter dans les bras d'Héléna, et ainsi de suite. Une goutte, une seule goutte de ce suc, qui n'est pas distillé d'une fleur quelconque, mais d'une fleur bien particulière, la pensée, et voilà que le désir sort de ses gonds.

Pourquoi donc ? C'est une chose que depuis il ne peut s'empêcher de se demander. Il comprend parfaitement le caractère conventionnel du truc, il n'est pas insensible à son aspect perfide et comique, mais malgré tout, pourquoi donc n'importe quel visage aperçu en revenant à soi après un songe devrait-il posséder un tel pouvoir de sortilège ? Uniquement parce que c'est la première chose qu'on voit, et parce que celui qui se réveille le voit au moment où il est le plus vulnérable, juste avant que les précautions, la distance, la méfiance, tout le système de défense bien diversifié qui rend la vie tolérable pendant l'état de veille ait le temps de s'organiser à nouveau et de se mettre sur le qui-vive ? Ou peut-être parce que c'est justement le visage qu'il aperçoit en se réveillant, à la fois anodin et providentiel, indifférent et miraculeux, qui le fait revenir de son sommeil et le tire de l'obscurité, qui le sauve, le ramène à la vie. Pourquoi pas ? se demande-t-il. Dormir, ouvrir les yeux, succomber… Ne rien savoir de l'autre que ce qu'on sait de lui sur le moment, instantanément : qu'il est un objet d'amour. C'est tout ce qu'il sait : que c'est juste un objet d'amour.

Sans aller plus loin, bien qu'il lui suffise de se fixer sur ses yeux trop maquillés, sur ses taches de rousseur, sur les deux perles en aluminium qui brillent sur les ailettes de son nez et qui s'infecteront bientôt, pour s'apercevoir qu'il n'est pas tombé amoureux de la fille qui cet après-midi lui lave la tête dans le salon de coiffure, lui-même ne sait rien d'elle et elle ne sait rien de lui, rien d'autre, en tout cas, que ce qui s'offre à ses yeux. Elle ne l'a pas connu à douze ans, par exemple, alors qu'il a les cheveux raides, blonds, jusqu'aux épaules et qu'il ne leur prête pas la moindre attention, qu'il ne prend conscience d'en avoir et de leur aspect que si un incident vient perturber le naturel avec lequel il a l'habitude de les oublier : par exemple lorsque son grand-père, dans une de ses crises d'affection virile qui semblent l'exalter particulièrement, lui saisit d'une main une grosse mèche au vol tout en menaçant de la couper à la racine avec les ciseaux formés par l'index et le majeur de l'autre main, tandis qu'une bande sonore improvisée avec la langue, *tzic, tzic, tzic*, précède l'exécution de ce que les doigts promettent, ou lorsque dans une file d'attente, à la poste, par exemple, devant le kiosque à journaux, à la pharmacie, quelqu'un dans son dos qui veut demander quelque chose à haute voix, dit « mademoiselle », et qu'après plusieurs secondes, sentant les doigts de l'inconnu qui vient de parler pianoter sur son épaule, il comprend qu'on l'a pris pour une femme, ou lorsque à peine arrivés à Rio de Janeiro, la première fois qu'il voyage en avion, la première fois qu'il quitte son pays et qu'il se retrouve dans un endroit où l'on parle une langue inconnue, il va se promener sur la plage avec son père et son frère, et qu'un essaim de femmes noires les suit un long moment tandis que la nuit tombe, toutes agglutinées autour de lui, poussant des cris et lui frôlant la tête avec un étonnement révérencieux, comme si ses cheveux irradiaient un éclat sacré propre à les faire rajeunir ou à leur brûler les mains.

Non : aussi offensant que cela puisse lui paraître, la fille ne le connaît pas, et la disproportion qu'il remarque entre cette ignorance, où se mêlent l'inexpérience, la routine, l'indifférence devant un travail d'après elle bien en dessous de ses compétences, et tout ce qu'elle, ou toute personne se trouvant à sa place – que les ailettes de son nez soient ou non percées, qu'elle devienne ou pas un objet d'amour pour lui –, devrait savoir de lui, de son cas, d'après lui, pour que le fait de lui confier sa tête ne devienne pas ce qu'il comprend à présent pertinemment que cela va devenir, le préambule à un acte suicidaire, représente exactement le genre de cauchemar capable de lui gâcher la vie tout au long des vingt minutes qui vont suivre, c'est-à-dire le temps moyen d'une coupe de cheveux ordinaire et courante. Mais qui pourrait le lui reprocher ? Que pourrait-elle savoir de lui – en supposant qu'elle parvienne un jour à « savoir » quelque chose, et à se rappeler un peu ce qu'elle « sait », à propos des centaines de têtes qui passent entre ses mains chaque semaine – puisque c'est la première fois qu'il pénètre dans ce salon de coiffure ?

Car il faudrait avant tout se poser une autre question et c'est celle-ci : pourquoi lui, qui est un cas, pourquoi lui, avec son petit problème, continue-t-il à se rendre dans des salons de coiffure qu'il ne connaît pas ? Pourquoi persiste-t-il à se rendre de cette façon à l'abattoir ? Et pourtant c'est ainsi : il continue. Il ne peut pas ne pas continuer. C'est la loi des cheveux. Chaque salon de coiffure qu'il ne connaît pas et dans lequel il s'aventure est un danger et un espoir, une promesse et un piège. Il risque de commettre une erreur et de plonger dans le désastre, cependant, et si c'était le contraire ? Et s'il tombait soudain sur le génie qu'il cherche ? Et si par crainte il n'entrait pas et ratait l'occasion de sa vie ? C'est toujours un pas téméraire à franchir, qu'il ne fait en général que s'il a quelques garanties ou après avoir épuisé une longue série de débats stériles. Cette fois, contrairement à d'autres, il ne connaît même pas le salon de coiffure de réputation, personne ne le lui a recommandé, il n'a rien lu à son propos, il n'a même pas été attiré par son aspect, dont il ne pourrait dire le moindre mot, tellement lorsqu'il le découvre il est obnubilé par la flamboyance de cet après-midi d'été. Il a tout juste aperçu les miroirs depuis le trottoir d'en face, les fauteuils, la lumière des tubes au néon, une impression générale de propreté qu'il associe de façon automatique à la fraîcheur qui doit y régner, il a traversé la rue, est entré. Mais le salon de coiffure est désert. C'est un comble. Que lui faut-il encore pour comprendre qu'il est foutu, qu'avant même qu'on le fasse asseoir devant le miroir, qu'on lui protège le corps avec un stupide peignoir de plastique, qu'on le mette devant le dilemme le plus inutile et le plus insoluble qui soit – doit-il enfiler les bras ou pas ? – et qu'on lui demande quelle coupe il veut, il est déjà foutu, il n'a plus la moindre chance ? Tout petit déjà on lui a appris qu'on n'entre pas dans un commerce vide. Jamais dans un restaurant, encore moins dans un salon de coiffure. Plus tard, lorsque tout sera fini et qu'il rejoindra à nouveau la chaleur de la rue avec au moins un mois, un mois et demi d'opprobre inénarrable taillée sur la tête, qui va le croire lorsqu'il tentera de s'excuser en disant qu'il est entré à cause de la chaleur qui régnait dehors, que seule une vraie urgence peut expliquer un agissement aussi déraisonnable chez quelqu'un comme lui, déraisonnable à plusieurs titres mais certainement pas au titre des cheveux, qui l'empêchent de dormir, depuis combien de temps exactement ? Combien de temps cela fait-il concrètement que les cheveux lui tournent autour, le sollicitent, le taraudent ?

Il ne pourrait pas répondre. Il y a un moment dans sa vie où il commence à penser aux cheveux comme d'autres pensent à la mort. Ce n'est pas que de but en blanc, ah ! les cheveux ! Non, il ne découvre pas tout d'un coup quelque chose qu'il ne connaissait pas. Il a toujours su que les cheveux se trouvaient là, blottis dans un coin, mais il a parfaitement pu vivre sans en tenir compte, sans subir leur présence. Il ne découvre pas une expérience mais une dimension ;

pas quelque chose que sa vie n'aurait pas pris en compte jusqu'alors : quelque chose qui était déjà en lui, en train de travailler en silence, avec une patience de rongeur, dans l'attente du moment opportun pour se réveiller et commencer à émettre les premiers signes d'une vie visible. La mort est un exemple classique. On sait qu'« il y a de la mort » comme on sait que le destin de tout corps solide est de chuter ou que l'eau se transforme en vapeur à une température bien précise. C'est quelque chose qu'on donne pour acquis : une certitude invisible, administrée quotidiennement à dose si infinitésimale qu'elle perd de sa consistance, se confond avec le cours de la vie et finit par passer inaperçue. Comme cela pendant des années. Jusqu'à ce que soudain elle apparaisse et réclame son dû. Un proche souffre d'une attaque en conduisant et la chaise qui lui était réservée deux semaines plus tard autour de la table, pour son anniversaire, reste à jamais vide. Quelqu'un d'intime se plaint d'une toute petite gêne lorsqu'il avale et quelques jours plus tard le médecin qui note sur une fiche son récit cesse soudain d'écrire, lève les yeux et l'observe en fronçant les sourcils. Tout à coup quelque chose précipite, se solidifie : ce qui était invisible et discret devient matériel, de pierre, inéluctable, un obstacle sombre qui ne parvient pas tout à fait à bloquer le chemin mais sur lequel il n'y a pas moyen de ne pas trébucher, et qui, tel un vigilant intrus, commence à se montrer sur absolument toutes les photographies que nous prenons de nous lorsque nous jouons à imaginer notre avenir.

Des deux branches composant sa famille, paternelle et maternelle, une branche chauve et une branche pileuse, il fait sans l'ombre d'un doute partie de la seconde. Il n'a pas vingt ans qu'il le sait déjà. Son père, lui, n'en a même pas vingt-quatre lorsque deux féroces semelles de peau se dessinent déjà des deux côtés de son crâne, semblables à des langues de mer pénétrant à l'intérieur d'un continent. Au lycée, son frère aîné passe de la seconde à la première sans même avoir besoin de rattraper une seule matière à l'examen, et lorsqu'il pense que le seul changement que souffrira la vie insouciante qui se profile devant lui est celui que subit pour l'instant la bibliothèque de sa chambre qui du jour au lendemain voit disparaître les livrets d'opéras et fleurir à leur place une collection de fascicules de turf, les uns et les autres, aussi étonnant que cela puisse paraître, identiques du point de vue du format, de la quantité de pages et des efforts mnémotechniques qu'ils exigent de lui, dans un cas pour chanter une aria à l'unisson avec le baryton, dans l'autre cas pour se présenter au guichet et parier sans la moindre hésitation, l'arbre généalogique de son poulain encore frais dans sa tête, il se retrouve accroupi sous la douche, à devoir ôter de la grille d'évacuation quelque chose qu'il prend d'abord pour une feuille de platane entrée par la fenêtre et qu'il découvre ensuite être des cheveux, ses cheveux, des cheveux qui avant de passer sous la douche faisaient partie de sa tête et qu'il n'aura à présent d'autre solution que de jeter, quelle que soit la répulsion qu'il éprouve pour les déchets organiques jouxtant les déchets industriels, dans la poubelle de la salle de bains, celle où agonisent déjà des morceaux de papier hygiénique, une lame de rasoir usagée, des cotons-tiges et deux bouts de coton tachés par la lotion astringente qu'il utilise pour faire sécher les boutons de son visage. Voilà comment les choses se produisent. Un autre de ses frères, plus jeune, se réveille un jour à midi après une nuit égayée par une agréable série d'escarmouches solitaires et après avoir examiné les traces que ses hormones d'adolescent attardé ont laissés sur les draps il découvre les deux minuscules restes de cheveux qui sont restés collés sur les bords de l'oreiller, formant des parenthèses de chaque côté de sa tête tandis que lui-même la perdait parmi l'enchevêtrement de jambes et de bras d'une joyeuse orgie de fin de soirée dont il a tout oublié.

Pelés, tous autant qu'ils sont. Irrémédiablement pelés avant même d'avoir franchi le seuil qui fera d'eux des hommes. Lui, en revanche, il s'est retrouvé du côté de ceux qui ont des cheveux. Mieux encore : il a trop de cheveux. Il est néanmoins vrai que pendant un temps il se sent quelque peu affligé par la crainte d'être imberbe, que sa profusion de cheveux blonds et raides ne lui sert pas à grand-chose alors que ce qu'on juge – au cours de ces jeux olympiques de prouesses corporelles que représente l'adolescence – ce ne sont pas les têtes mais plutôt les corps, et en particulier le torse, les aisselles, les jambes, la région pubienne. Surtout la région pubienne. Il se demande une fois et une autre quel avantage peut lui apporter cette chose que son grand-père appelle toujours de façon méprisante une tignasse lorsque vient le moment pour lui d'entrer dans le local des douches du club, ce théâtre carrelé de tourments, sans rien d'autre à exhiber qu'une peau toute lisse, glabre, aussi dépourvue de poils que celle d'un dauphin. Peut-être sa grosse quantité de poils du haut a-t-elle un rapport avec la faible quantité de poils du bas, pense-t-il quelquefois. Il le pense moins pour se tranquilliser – car l'hypothèse est trop abstraite pour soulager le poids qui lui tombe dessus chaque fois qu'il participe à ces réunions d'inspection qui se déroulent à l'intérieur des douches – que pour attribuer un lieu quelque part à sa bizarrerie, ne serait-ce que dans une phrase, dans une chose qu'il puisse répéter en silence, pour soi-même, lorsque cela s'avère nécessaire, comme un mantra, et qui le calme. Pour le reste, c'est une question de temps, et tout ce qui est une question de temps, comme il ne va pas tarder à le découvrir, ne peut se résoudre qu'en laissant le temps passer.

Il possède une telle quantité de cheveux, à en revendre, comme on dit, qu'à un certain moment il se paie le luxe des luxes : il renonce à les avoir raides, il tourne le dos à la raideur. Il ne le sait pas encore, mais c'est en réalité sa façon à lui de se prolétariser. Au début des années soixante-dix des milliers et des milliers d'enfants des classes moyennes et moyennement aisées, de la bourgeoisie et même de la haute bourgeoisie renoncent du jour au lendemain aux trônes hérités à la naissance, ils rejettent de leur propre chef les privilèges dont ils ont joui jusque-là, ils désertent les foyers confortables, les quartiers huppés, les domestiques, le rugby, les taxis, les voyages, les vêtements de marque, la maîtrise des langues étrangères, toutes les frivolités qui composaient jusqu'alors l'élément dans lequel ils ont vécu et respiré, le matin partie indissociable de ce qu'ils sont, marque d'identité et source de satisfaction et de plaisir, la nuit symbole de violence, d'indignité, d'exploitation inhumaine, et ils vont vivre dans des villes misérables, dans des quartiers pourris, des barres de faubourgs sordides, sans lumière ni eau potable, avec des rues en terre, où ils miment et apprennent, en accord avec une technique que des dizaines d'années plus tard d'autres appelleront l'immersion, les règles de vie des classes exploitées dont ils se proposent de changer le destin. Mais lui, avec ses onze ou douze ans, à quoi pourrait-il bien renoncer si ce n'est au trône de ses cheveux ? À sa collection de magazines de bandes dessinées ? À son exemplaire abîmé de *Tintin au pays de l'or noir* ? À ses deux Rotring 0.2, dont l'un est complètement déshydraté, et avec lesquels il réalise des dessins humoristiques qui n'ont jamais fait rire personne ? Aucune de ces choses dont il jouit ne lui appartient. Même pas le droit de jouir. Les cheveux, en revanche... Dans son cas il ne s'agit pas seulement d'une question d'excédent. Il pressent plutôt, sans doute conforté par l'époque, jusqu'à quel point une chevelure blonde et raide comme la sienne, qu'il a jusqu'alors jugée acquise de façon naturelle, sans trop se poser de questions à son sujet, comme d'autres jugent acquise la couleur des yeux à leur naissance ou la pointure de leurs chaussures, cesse cependant, dans le cadre général du marché des cheveux, d'être une chevelure de plus, une parmi d'autres, une comme les autres, pour devenir une chevelure mieux que les autres, supérieure aux autres, aussi convoitable qu'une de ces monnaies qui, passant d'ordinaire inaperçues, se retrouvent soudain sur un marché où elles deviennent rares et voient tout à coup leur valeur grimper en flèche pour atteindre des sommets. Les cheveux sont sa richesse, son or, son lingot d'or. Le reste n'est sans doute que pure sensibilité d'époque, ou simple opportunisme. Le pays craque. S'il y a encore un peu de place pour les cheveux raides, il n'y en a certainement pas pour ceux qui sont blonds, car c'est une couleur bourgeoise, la couleur cipaye par excellence. Il est possible qu'il reste tout au plus un peu de place pour des cheveux raides et bruns, noir de jais, modèle créole ou des faubourgs, accompagnés parfois d'une moustache taillée en brosse, si caractéristiques chez les travailleurs, les assemblées syndicales ou les militants radicaux.

Cependant, sans l'ombre d'un doute, l'unité de cheveux par excellence est la bouclette, et le style numéro un celui d'Angela Davis qu'on connaît ici sous le nom d'afro. Mais lui ne saurait le formuler en termes aussi diaphanes, d'une part parce que la valeur iconique des cheveux ne possède pas nécessairement d'équivalent dans le champ du langage verbal, d'autre part parce qu'il suffit de la menace d'une accusation infamante comme celle de frivolité pour qu'une pudeur dérangeante modifie le calendrier des sujets de réflexion d'une génération tout entière, lui considère la chose tout à fait clairement : la vraie monnaie est l'afro. Trente ans plus tard, il voit *Black Panther Newsreel*, le film d'Agnès Varda à propos des Panthères noires, et deux sentiments croisés l'assaillent : d'abord l'euphorie immédiate, presque suicidaire, de s'apercevoir combien il a eu raison – au moment où d'autres ont pris la décision de perdre, de renoncer à leurs biens et à leurs prébendes et de s'appauvrir – d'avoir préféré claquer la porte pour déserter le monde des cheveux raides ; et ensuite un chagrin inconsolable, puisque le malheur n'est jamais aussi grand que lorsque le hasard, avec un sans-gêne impardonnable, nous livre trop tard les arguments qui auraient pu nous permettre d'éviter une situation qui nous a conduit au naufrage. Ce n'est certainement pas par frivolité, ni par excès de temps libre, ni par sensibilité maladive aux tendances de la mode, que des gens de toute évidence peu enclins à perdre leur temps en soins de salon de beauté, tel que Huey Newton, le ministre de la Défense des Panthères noires, alors incarcéré dans la prison d'Alameda avec une sentence de deux à quinze ans de réclusion suspendue au-dessus de sa tête, ou comme Bobby Seale, cofondateur du mouvement, ou comme Eldrige Cleaver, tous des Noirs prêts à prendre les armes, défilent devant la caméra de Varda et occupent trois des quinze minutes que dure le film à expliquer pourquoi l'afro, signe souverain s'il en est, étant donné qu'il ignore les genres et uniformise les hommes et les femmes, est une déclaration d'autodétermination politique ni plus ni moins sérieuse que le serait un manifeste avec les revendications du groupe, le drapeau que brandissent les troupes de choc entourant la prison d'Alameda, les lunettes de soleil, les blousons de cuir ou l'exhortation de Cleaver lui-même à violer des femmes blanches comme faisant partie du programme d'entraînement en vue de la future insurrection.

Cependant, cette transition politique qui va de la disparition des cheveux raides à l'ascension irrépressible du style afro, lui, il ne la perçoit que de façon biaisée, dans un deuxième temps. Si tant est qu'il la perçoive. Chez lui c'est même plutôt un passage à l'acte : les premiers signes du phénomène lui parviennent, telle une espèce de goutte à goutte, puis il fait ce qu'on appelle un saut dans le vide. Du jour au lendemain il se convertit au style afro, à cet afro pauvre, chétif, par ailleurs peu convainquant, beaucoup plus proche du laisser-aller étourdi dans lequel se réveillent des cheveux pas tout à fait propres après une longue nuit de sommeil que de l'aplomb fier, de l'image de pouvoir, de la dignité rigide qui irradient cinq ans auparavant, lorsque les chevelures des Panthères noires revendiquent effectivement la liberté de Huey Newton, et trente ans plus tard, lorsqu'il découvre le film d'Agnès Varda qui les a fait connaître en les portant à l'écran en plein dans le vif de l'action. C'est sans nul doute l'indétermination de son afro quelque peu complexé qui désoriente les membres de sa famille sur les photos de l'époque, en particulier sur une série de cinq ou six photographies en noir et blanc, prises dans la salle à manger de chez lui probablement un samedi, le seul jour où la famille se réunit, et après le déjeuner, le seul rituel permettant de la réunir au complet. Tout le monde semble regarder l'appareil photo, conscient de l'aspect exceptionnel de la situation et prêt, en son honneur, à oublier les vieilles rancunes du moins le temps du déjeuner, ou le temps que durera le premier plat, ou à défaut l'éclair du flash, mais tandis que lui le regarde avec détermination, bien en face, en révélant à la face du monde, telle une provocation, le nouveau style qu'il arbore sur la tête, les autres, sa mère, le mari de sa mère, sa grand-mère, ses frères, sont aux prises avec un étrange dilemme : doivent-ils regarder l'appareil photo, comme effectivement ils tentent de le faire, ou le regarder, lui, et s'intéresser cette fois pleinement, en toute franchise, pas à travers la sournoiserie embarrassée avec laquelle ils l'ont observé tout au long du déjeuner, à cette espèce de nid désordonné qui a poussé sur sa tête ?

Et cependant, grotesque et pathétique, comme le sont pratiquement toujours les Blancs lorsqu'ils tentent d'usurper le rôle des Noirs et qu'ils se mettent à jouer de la trompette, à porter des vêtements criards, à utiliser des dents en or ou à jurer, ces petits cheveux en désordre qui ne tiennent qu'à un fil, ces tristes bouclettes, cette parodie de style afro lui a coûté son pesant d'or. Ce n'est pas que son désir de l'adopter l'ait conduit jusqu'à un salon de coiffure. Il n'a jamais eu recours aux bigoudis comme c'est un secret de Polichinelle que l'ont fait de nombreux jeunes qui, encouragés par ceux qui retirent leur costume pour passer un bleu de travail, abandonnent l'université pour rentrer à l'usine, refusent de s'asseoir à la table familiale et se contentent d'un misérable salaire, adoptent le *boom* de la bouclette, comme les acteurs, les *mannequins**[1], les artistes et les chanteurs populaires. Il a recours aux moyens qui se trouvent à sa portée : il passe des semaines sans toucher au shampoing, il évite de se peigner le matin, il finit de se doucher et se frotte la tête avec une frénésie démente puis il sort pour se pavaner avec sa toison d'électrocuté. Une fois, il sort de la douche et au moment de se sécher les cheveux il a l'impression qu'ils sont plus crépus que jamais ; il attribue ce phénomène au passage accidentel de l'eau chaude à l'eau froide – l'erreur classique des gens qui manœuvrent les robinets à l'aveugle, le visage couvert de shampoing – et pendant plusieurs semaines il répète le procédé. Il n'a que faire de la tête épouvantée de sa

1. Les mots en italique suivis d'un astérisque sont en français dans le texte. (Toutes les notes sont du traducteur.)

mère lorsqu'elle le voit pénétrer dans la cuisine à peine réveillé, avec cette volière sur la tête. C'est pareil pour les vannes incrédules que lui envoie son frère, qui semble toujours mieux pressentir les choses qu'il ne veut le dire. Il peut tout à fait lutter contre ça. En fin de compte, ce n'est pas à cause d'eux qu'il a renoncé à les garder raides, à la raideur. Ce n'est pas eux qui expliquent autant d'audace. C'est seulement l'époque.

C'est plus facile à dire qu'à faire ! Car qu'est-ce qu'une époque ? À quoi peut-on la réduire, combien dure une époque sans mentir et sans s'évaporer si elle ne cristallise pas dans un nom propre, un style personnel, un corps marqué de signes particuliers et de traces ? À ses yeux, comme à ceux de tant d'autres, l'épidémie du Cheveu Nouveau qui traverse cette période-là se déclare à travers un ensemble de signes triviaux, une conspiration de symptômes qui font leur apparition, comme d'habitude, pendant le laps de temps paradoxal des vacances, d'un côté un désert adulte, un territoire éteint, une absence d'événements, à en juger par l'indigence de l'information qui s'installe sur les unes des journaux, d'un autre côté, pour les douze ou treize ans qu'il a – régis depuis qu'il en a eu six, de mars à décembre, invariablement, par le régime carcéral de la double scolarité, de huit heures et quart à quatre heures et demie tous les jours et toutes les saintes journées de l'année –, un intervalle chargé de pures nouveautés, un intervalle vertigineux, à l'intérieur duquel même dormir, manger ou se baigner sont des pertes de temps impardonnables, la seule période, en vérité, digne pour lui de s'appeler historique, tellement les événements qui la peuplent, insignifiants ou radicaux, sont toujours uniques, ne se laissent pas anticiper et apportent les réserves de vie qui le maintiendront debout pendant l'année à venir, lorsque tout autour de lui tendra à l'enfoncer dans l'inertie, l'ennui, le supplice de devoir exécuter des ordres dictés par les autres.

Le nouvel état de choses commence à se faire jour à la fin de l'année, deux semaines avant les fêtes, lorsqu'il découvre la publicité pour un vin mousseux national bon marché – un champagne abusivement nommé ainsi et promettant à première vue du bonheur et se contentant juste de garantir un ulcère immédiat – et qu'il s'aperçoit que le garçon qui lève son verre tout en fixant ses yeux de lynx sur la jeune fille qui se trouve un peu plus loin, à l'autre bout de la fête, non seulement inaccessible par la distance qui les sépare mais aussi par le cordon d'admirateurs qui la courtisent, eh bien que ce Casanova de pacotille a peut-être quatre ou cinq ans de moins que celui qui l'a précédé dans le même rôle sur l'affiche de l'année dernière, et qu'au lieu d'être coiffé avec de la gomina, comme le voudraient les canons de beauté officiels ainsi que les deux écoles qui les inspirent, à savoir celle du tango et celle du physionomisme policier, il arbore à présent une exubérante coiffure afro, si haute qu'elle a été inexorablement coupée sur le bord supérieur de la photo.

Et ce n'est que le début. Bientôt d'autres indices vont succéder à celui-ci : par exemple, l'entraîneur de football qui donne soudain libre cours à un ouragan de frisettes, la tête du chanteur de tango qui se met à fleurir comme un jardin, l'acteur choisi pour faire partie de la distribution de *Hair*, les baigneurs des piscines publiques bannissant d'un été l'autre des dizaines et des dizaines d'années de cheveux courts prescrits par les codes de l'hygiène. Et voilà même que se présente à l'horizon un neveu du mari de sa mère, condamné jusqu'alors à réprimer, en se les coupant à ras, les cheveux laineux avec lesquels il est né, on ne peut plus caractéristiques d'une brebis galeuse dans son cas, étant donné que sa classe d'origine, comme on commence à dire alors, ne peut se concevoir elle-même qu'avec les cheveux raides et qu'elle condamne tout autre genre de cheveux à l'ostracisme que méritent certaines anomalies ethniques. De telle façon que lorsque le mois de février se termine il n'a plus besoin de chercher des explications au phénomène. Elles sont toutes trouvées, comme cela se passe lors de toutes les conspirations. Et à la mi-mars, le premier jour de classe, lorsqu'il se présente en retard à l'école, alors que les discours de rentrée ont déjà été prononcés, que la cérémonie de l'hymne national est sur le point d'être terminée, qu'il cherche désespérément des visages connus parmi les rangs des élèves qui se défont, parmi les surveillants qui les houspillent, les professeurs qui se dirigent vers les salles de cours, soudain, dans un de ces étranges oasis de quiétude qui surgissent parfois au milieu de la débandade, il se retrouve devant un couple en train de s'embrasser longuement contre un des piliers en ciment de la cour, le garçon lui tournant le dos, la fille lui faisant face quoique presque totalement cachée par la tête du garçon, cette jungle de bouclettes sombres dans laquelle elle plonge les doigts de ses deux mains en les bougeant comme des serpents voluptueux.

Le quart du visage qui reste visible lui permet de reconnaître la jeune fille : il connaît cette blancheur, il connaît ce sourcil épais dont les petits poils, à mesure que celui-ci s'élargit, se séparent et s'arquent progressivement sur le côté, comme les premières acrobates aquatiques de la file qui plongent dans la piscine en se tournant sur le côté depuis le plongeoir. Il connaît la façon dont les minuscules capillaires de sa peau, lorsque les baisers les aspirent, éclatent en mille petites taches rouges qui ensuite lui font honte et qu'elle cache en remontant le col d'un manteau trop grand pour elle, au moins deux tailles au-dessus. Elle l'aperçoit et lui sourit en lâchant une exclamation de surprise ou de pudeur, et il remarque que le mocassin rouge dont la semelle était appuyée sur le pilier – typique indolence de jeune fille en train d'embrasser quelqu'un juste pour essayer, ou pour poser, peut-être pour se venger – va rapidement rejoindre celui qui est resté posé au sol. Sans cesser de l'embrasser, ou plutôt de l'écraser contre le pilier, le garçon se retourne. Ç'aurait pu être n'importe qui, et dans ce cas il n'aurait eu d'yeux, comme on dit, que pour la tignasse frisée de ses cheveux, pour s'apercevoir à quel point la coupe afro est un fléau et à quel point elle a envahi tout le territoire. Mais ce garçon n'est pas n'importe qui, non, c'est Monti, son meilleur ami.

L'important ce n'est pas elle. Elle a été sa fiancée il y a de cela cinq ans, une durée qui pour la mesure historique de l'enfance doit probablement être équivalente au temps qu'il a fallu à l'humanité pour inventer la roue, décapiter Louis XVI, prendre le Palais d'hiver et poser le pied sur la surface de la Lune afin d'y planter un drapeau. Depuis le temps, il a oublié combien il l'a aimée, combien il l'a fait souffrir en lui murmurant chaque jour, deux minutes avant la fin du dernier cours – alors que la seule chose qu'elle attendait, assise sur le bord du banc avec sa petite mallette de cuir sur les cuisses, c'était le son de la cloche –, qu'il ne l'aimait plus, combien il l'a fait pleurer de joie en lui avouant le lendemain qu'il regrettait ce qu'il avait dit et qu'il l'adorait à nouveau. Il a oublié combien il aimait qu'elle porte ces mocassins de vieille étrangère, rouges, en cuir froissé, sans boucles. À vrai dire il ne se souvenait même pas qu'elle était encore en vie, à tel point ce qu'on appelle la vie à cet âge-là, la vie en général, ne comprend pas grand-chose de plus que ce qui se trouve dans les limites établies par notre propre vie, et même par notre simple champ de vision. Ce qui est important, c'est Monti, ce qui a poussé sur sa tête, cette… nouveauté. Il s'indigne. N'avait-il donc pas les cheveux courts la dernière fois qu'ils se sont vus, quelques jours avant les fêtes, en train de jouer au ping-pong à quatre heures et demie du matin dans le living, chez leurs amis jumeaux abandonnés par un père millionnaire dans une villa cossue du quartier de Belgrano ? Alors quand donc est-ce que… ? Comment a-t-il pu avoir l'idée de… ? Comment se fait-il qu'il n'en a pas… ? Bien sûr, c'est évident : les vacances ! Ainsi donc les vacances, ce temps qui était pour lui source de vie magique, pleine d'aventures, de dangers, d'imprévus, ce temps pour lequel il aurait risqué sa vie si les forces sinistres de l'année scolaire avaient tenté de le lui prendre, ce temps était également un moment clandestin pour autrui, pour d'autres il était obscur et frais et savoureusement illégal même s'il était calciné par un soleil d'été en plein midi, pour d'autres encore il était le théâtre de vies probables qui allaient ensuite offrir leur fulgurance, leur prestige, l'exceptionnalité enviable de leurs fruits sur le marché de l'année scolaire… Lentement, patiemment, presque en jouissant de la douleur qu'il s'inflige, voilà qu'il s'arrache le court poignard qu'on lui a planté dans le dos et le soir même, sous la douche, tandis qu'il se débarrasse précautionneusement de la pellicule de sueur dont il est couvert après deux heures d'éducation physique, il prend bien garde de maintenir sa tête loin, hors de portée de l'eau qui coule.

Que gagne-t-il en renonçant à la raideur ? Il lui faudra des années pour le savoir. À l'époque il ne se pose même pas la question. Il renonce à la raideur de ses cheveux, un point c'est tout. Mais il regrettera bien plus tard, lorsqu'il pensera avoir découvert l'intérêt qu'il a eu à se laisser pousser une aussi ridicule tignasse, éternel faux-semblant d'un style afro qui lui était refusé, refusé par définition, mais il regrettera ce vertige de l'acte gratuit, du faire sans raison, cette espèce de plongeon aveugle dans l'inconnu. Avec Monti les choses se stabilisent d'un coup, elles coulent, on oublie sans problème l'angoisse de plus de deux mois sans se voir, sans le moindre contact, deux mois pendant lesquels tout a eu le temps de se produire – pas seulement le fait que son ami ait adopté une coupe afro mais aussi, par exemple, que tous deux aient découvert que l'amitié peut être autre chose, une chose différente à cent pour cent de ce qu'ils ont bien voulu se faire croire l'un l'autre que c'était – et intègrent même avec un naturel effrayant la variable potentiellement explosive que représente la fille aux mocassins rouges.

Quoique « intègrent » soit une façon de parler, et peut-être même de l'ironie. En réalité il s'agit de deux mondes. Une logique qu'aucun des trois ne maîtrise mais qui régit les rapports de façon catégorique établit que lorsque l'un rentre l'autre sort et vice-versa. Monti et lui attendent l'autobus à l'arrêt, elle fait son apparition (elle va chez le dentiste, à un cours particulier de physique, n'importe où), il les laisse seuls, traverse la rue et décide d'attendre un autre autobus à l'arrêt d'en face, même si le fait de prendre une autre ligne va l'obliger à emprunter deux autobus plutôt qu'un et le faire arriver en retard d'une demi-heure chez lui. Quant à elle, elle se trouve avec Monti dans la cour et le voilà qui apparaît, débordant, comme presque tous les lundis, de sarcasmes sur les résultats sportifs du dimanche, alors elle s'en va sans dire un mot et se mêle aux jeunes qui font la queue pour faire leurs achats au kiosque. C'est une logique de l'abandon, étrange mais efficace. Ils vivent presque sans se toucher, comme dans des dimensions parallèles ; le maximum qu'un monde parvient à représenter pour l'autre est un spectacle auquel on ne participe pas, qu'on observe de loin et que jamais, pour quelque raison que ce soit, on ne commente.

Deux choses cependant le tracassent : l'une d'elles est l'image de ses doigts à elle en train de s'ouvrir un passage parmi les boucles de son meilleur ami, le déhanchement de la patrouille de petits soldats voluptueux explorant chaque recoin de cette jungle obscure et s'abandonnant soudain, langoureusement, à la caresse des mèches spiralées, cédant à la résistance que leur opposent les touffes plus épaisses et enfin, exténués, demeurant immobiles, comme camouflés dans l'embrouillamini des cheveux, dans l'attente du prochain assaut ; la deuxième est l'intensité, l'énergie avec laquelle ils s'embrassent, et surtout la durée de leurs baisers, si dilatée qu'il a parfois l'impression – lui qui depuis le premier jour de classe ne peut plus faire un pas à l'école sans les croiser, sans les surprendre dans les bras l'un de l'autre, tressés dans une de ces cérémonies de succion réciproque qui les arrachent au monde – qu'ils cessent progressivement de bouger, qu'ils respirent plus calmement, se laissent bercer par le rythme de la seule chose encore vivante en eux – le ballet muet de leur langue – puis qu'ils finissent par s'endormir.

Il souffre. Il n'est, bien entendu, pas idiot au point de s'autoflageller en mettant dans un des plateaux de la balance ce genre de transes, si nouvelles pour lui, et si extravagantes, que lorsqu'il y assiste il ne parvient qu'à penser à des images et à des vitesses qui ne sont pas humaines, par conséquent imperceptibles à l'œil nu – la façon, par exemple, dont deux escargots se caressent les antennes lorsqu'ils se préparent à s'accoupler –, et dans l'autre plateau de la balance les baisers qu'ils échangeaient tous les deux à l'époque où ils étaient ensemble, si timides et si hésitants qu'à présent, lorsqu'il tente de s'en souvenir avec quelque précision, il ne les voit que traduits en langage de dessins animés. Il est affligé par cette ombre, ce doute que les baisers de son meilleur ami et de son ex-fiancée jettent sur sa propre vie amoureuse, qui, du moins dernièrement, n'est pas si brillante qu'on puisse s'en vanter. *A priori* il ne devrait rien y avoir de très inquiétant à cela : le monde des adolescents est en soi instable, les hauts et les bas y alternent avec une capricieuse inconstance et dans la plupart des cas il réduit les relations amoureuses à ces brouillons rapides et prétentieux qui devraient les préfacer. Et en ce qui le concerne, cependant, une certaine réputation qu'il n'a jamais cherchée mais a fini par accepter joue en sa défaveur. À treize ans, juste avant une poussée de croissance qui tarde à venir, et tandis qu'il inspecte au quotidien ses aisselles à la recherche d'une touffe de poils qui mettrait fin à son humiliante condition d'imberbe, il est déjà celui qui a des fiancées, des fiancées qui lui durent, celui qui fait des cadeaux à ses fiancées, qui va chez ses fiancées, reçoit des lettres de ses fiancées pendant les vacances, bizarreries dont ses pairs ne savent pas très bien comment il faut les prendre, comme des privilèges de pionnier ou des concessions d'incurable suradapté. Seule la distance avec laquelle il porte cette réputation – une façon subtile et cependant inconditionnelle de ne jamais en être digne du tout, comme s'il portait un costume trop grand pour lui, ou de la mettre entre guillemets – permet aux autres de la respecter tant bien que mal, alors que rigoureusement tout, leur âge, le perpétuel état de guerre qui s'installe avec l'âge, le besoin de se débarrasser immédiatement de tout ce qui pourrait les obliger à brasser plus de deux choix à la fois, devrait rigoureusement les pousser à la détester, et à faire de lui la cible d'une sanguinaire hostilité.

De telle façon qu'à son échelle personnelle les mois depuis lesquels il n'a pas de fiancée lui semblent être des années. Moins par désir érotique que pour goûter aux avantages de cette intermittence qui exalte tant ses camarades, il flirte avec deux filles à la fois, amies l'une de l'autre. Mais, dépourvu qu'il est de tout instinct spéculatif, il commet une erreur, la seule que même le plus imprudent de ses copains ne pourrait commettre : il fait des choses différentes avec chacune d'elles. Il accompagne celle qui est corpulente jusque chez elle, la protège d'un frère hypoacousique qui ne cesse de tout flairer dans sa chambre, mais surtout il l'embrasse, la caresse, lui écarte les cheveux du revers de la main pour se délecter de ses oreilles parfaites, de son cou, du petit et doux trapèze concave de sa clavicule. Tant de déférence lui a même valu un accès inespéré à la plage – cette frange sublime où confluent la laine rêche et la peau de la taille – qu'un pull-over rétractile, trop soumis aux embrassades, offre parfois à ses doigts troublés. Avec l'autre, celle qui est menue, dont les jambes légèrement arquées le bouleverseront toujours, tout est plus culturel : ils s'écrivent, échangent des cartes postales avec des reproductions de leurs peintres préférés, ils commentent par téléphone les mésaventures de la série télé alors que le cadavre de chaque épisode n'a pas encore refroidi. Et ils s'embrassent. Mais si c'est ça embrasser, pense-t-il, si c'est ce duel de bouches tendues, qui ne savent jamais très bien quand ni jusqu'à quel point elles doivent s'ouvrir, ni ce qu'elles doivent faire, si elles doivent aspirer l'autre ou se laisser avaler par elle, si elles doivent produire de la salive pour humecter légèrement l'opération, et qui ne savent jamais quel rôle, surtout, attribuer à la langue, toujours dubitative entre l'attente menaçante et l'hyperactivité, au sein de ce petit drame où tout semble la réclamer, alors comment peut-on appeler ce qu'est à présent en train de faire son ex-fiancée avec son meilleur ami ? De l'art ? Du sexe tantrique ? Comment est-il possible que Monti, le même individu qui jusqu'à l'année dernière ne pouvait tenir en place, comme on dit, ne faisait jamais le même sport plus d'un mois d'affilée, ne fumait pas la même marque de cigarettes plus de deux semaines consécutives, n'écoutait pas plus de dix jours le même disque, ne sortait pas deux fois avec la même fille – comment est-il possible que cet individu succombe à présent et s'éternise comme une amibe dans un rituel qui chaque fois qu'il doit y assister au cinéma, ce qui se produit seulement lorsque quelqu'un d'autre choisit le film, en général un imbécile, ne lui arrache que grimaces sournoises, sifflements et tonitruantes éructations de protestation ?

Deux mois plus tard, au cours d'une récréation qu'à sa grande surprise Monti ne partage pas avec la fille aux mocassins rouges, comme cela se passe habituellement depuis qu'il sort avec elle, mais plutôt en sa compagnie à lui, à fumer assis sur le bac de ciment où un bananier n'en finit plus de pourrir, celui-ci l'interrompt au milieu d'une chronique matinale – la parfaite précision, digne d'un archet zen, avec laquelle le professeur de biologie, sans quitter le tableau noir, se retourne brusquement comme une toupie et envoie l'effaceur s'écraser en plein sur le front de Defaux, qui pour une fois n'a rien fait du tout –, et tandis que de son côté il profite de l'indécise fraction de seconde qui suit l'interruption pour penser à la seule chose qui l'a réellement intéressé pendant les dix dernières minutes, à savoir où, mon Dieu, où se trouve la fille aux mocassins rouges, Monti joint son majeur et son pouce en catapulte, projette le mégot au loin, en battant son propre record, et lui dit : « Elle est enceinte. » Il lève les yeux et immédiatement après, comme s'il avait reçu une décharge électrique, se lève et renvoie à la volée un ballon de football qui était en train de tomber du ciel. Il le suit une seconde du regard et porte sa main à sa bouche : « Hou-là, je l'ai perchée ! » s'exclame-t-il.

Mais Monti possède une âme de survivant. Et il survivra toujours quoi qu'il lui arrive. À peine lui-même se remet-il de la stupéfaction dans laquelle la nouvelle l'a plongé qu'il récapitule, revoit la scène et comprend que Monti survivra. Il voit à nouveau comment l'air traqué avec lequel Monti a raconté qu'il avait mis la fille aux mocassins rouges enceinte se dissipe peu à peu, comment ses pupilles se réveillent, se débarrassent de la terreur et recommencent à briller, lissées par une espèce d'amnésie immédiate, lorsqu'il lève ses yeux et aperçoit le ballon en l'air qui se dirige vers lui, vers l'endroit où il est déjà en train de se redresser, de calculer qu'il va pouvoir l'intercepter et le renvoyer dans le camp d'où il vient sans le laisser rebondir. Et il comprend alors que son ami ira toujours bien plus loin que lui, toujours plus à fond. N'a-t-on pas dit qu'il possédait une âme de survivant ? Quelqu'un à qui il ne pourra jamais se mesurer ? À bien y réfléchir, les choses se sont toujours passées ainsi entre eux. De la même façon que l'amitié repose souvent sur la parité, la proportion, la coïncidence de deux rythmes qui, sans cesser d'être particuliers, ne sont jamais si rayonnants que lorsqu'ils se combinent, la leur a toujours reposé sur la disparité, sur cette espèce d'éloignement radical.

Il faut battre les cartes et distribuer à nouveau. La question des baisers, qui à peine quelques secondes auparavant était pour lui une situation témoin, lui semble à présent, à la lumière de cette dernière nouvelle, tout à fait ridicule, un jeu d'enfant. Il a honte : lui a dans l'idée le fait d'embrasser et Monti celui d'avorter, d'obtenir de l'argent pour avorter, de savoir en quoi consiste l'action d'avorter, à quoi ressemblera l'intérieur du corps de la fille aux mocassins rouges après l'avortement. Par exemple : est-ce que la bite ressent quelque chose de différent en pénétrant dans un corps qui a subi un curetage ? Il fait un effort et il pense à lui, à son meilleur ami, à la façon dont il est en train de souffrir, et son meilleur ami se trouve déjà deux pas devant lui, il pense déjà à s'enfuir, il laisse derrière lui la tristesse d'avorter, et lorsqu'il renvoie le ballon il s'est déjà éclipsé, il est ailleurs, il est à nouveau libre, il peut se mettre en quête d'un nouvel enfer. On ne peut pas dire qu'il déserte. Il est toujours là, mais il est en même temps autre part. Il se rend le samedi convenu dans une maison du quartier de Banfield qu'on lui recommande sous le vocable de clinique mais il arrive trois quarts d'heure trop tard, toujours endormi et sans s'être brossé les dents, lorsque le pire est passé et que la fille aux mocassins rouges a déjà cessé de hurler, terrassée par une dose de cheval de sédatif, et à présent elle sommeille en chemise de nuit en grommelant, assise dans le patio couvert que la femme en tenue de sport qui balaie appelle la salle d'attente. Il est là pour récupérer les vêtements de sa fiancée, mais à peine les lui remet-on que ses mains les laissent tomber à terre, apeurées, comme si elles venaient de recevoir la dépouille d'une morte. Il est là pour payer, mais il doit jongler avec la situation, exploiter au maximum un certain mélange de charme personnel, de ruse et de rhétorique picaresque qui a si bien porté ses fruits avec les filles et si peu avec les professeurs du lycée, pour que le médecin qui a fait le travail accepte d'encaisser seulement dans le courant de la semaine l'argent qui lui manque, celui qu'il ne peut pas et ne pourra jamais lui donner, car au lieu de se trouver dans la poche arrière de son pantalon, où il a tenu jusqu'au petit jour, alors que la partie de poker a atteint son apogée et que Monti, béni jusqu'alors par la chance, n'a pas seulement remporté le coût de l'avortement mais aussi celui d'un cadeau hors de prix, une paire de gants verts, d'antilope, avec lesquels il espère faire sourire la fille aux mocassins rouges lorsqu'elle reviendra à elle après l'anesthésie, eh bien, cette somme doit à présent se trouver en train de sommeiller dans le portefeuille de cette canaille de Mafioli, qui après s'être laissé plumer toute la nuit s'est refait comme par magie et a fini par le saigner au cours d'une série de donnes prodigieuses.

Mais que peut savoir de tout cela la fille qui lui lave la tête par cet après-midi d'été, qui coupe le jet de la douchette avec laquelle elle l'a rincé, lui essore le gros de l'eau restée dans les cheveux en les lui lissant avec les paumes de ses mains, les lui peigne en arrière, le retient – lorsque, n'en pouvant plus avec ses cervicales, il tente de se redresser avant l'heure –, lui arrange la serviette sur les épaules et l'invite à passer au salon tout en lui posant la question fatidique · « Vous vous faites couper les cheveux par quelqu'un en particulier ? » Rien. Pas un mot. C'est une question scandaleuse, mais c'est comme ça : elle n'en savait rien. Si cela ne dépendait que de lui, il n'y aurait pas un salon de coiffure dans la ville, ni même dans le monde entier, autorisé à couper les cheveux d'un individu sans disposer, sans consulter et avoir correctement jugé d'abord la totalité des indispensables renseignements personnels de chacun et cela non seulement pour lui couper les cheveux, mais aussi pour lui poser ne serait-ce que le petit doigt sur la tête. N'est-ce d'ailleurs pas la première chose que font les médecins avant d'ausculter, de toucher, de tapoter dans le dos, sur la poitrine, avant même de poser la question de rigueur : « Qu'est-ce qui vous amène ici ? Que puis-je faire pour vous ? En quoi puis-je vous aider ? » Voilà longtemps qu'il rêve d'un monde meilleur, d'un monde où les coiffeurs – comme les médecins le font avec les histoires médicales – sauraient partager, divulguer, enrichir jour après jour les histoires de la vie des cheveux de leurs clients, de façon que chaque fois que quelqu'un commettrait l'imprudence d'entrer dans un salon de coiffure pour la première fois, chaque fois que quelqu'un, comme lui maintenant, par exemple, se lèverait, sentant les dernières gouttes d'eau glacée dégouliner dans son cou, et avouerait ce qui tôt ou tard le mènera à la tombe, que non, qu'il ne se fait couper les cheveux par personne en particulier, qu'en réalité c'est la première fois de sa vie qu'il vient se faire couper les cheveux dans ce salon de coiffure, le coiffeur sur le point de lui être attribué, qui dans quelques secondes le verrait, lui aussi, pour la première fois de sa vie, pourrait au moins avoir en sa possession, dans ses doigts, comme disent les pianistes du répertoire à propos des pièces qu'ils sont toujours en mesure de jouer, quelles que soient les circonstances, sans avoir besoin de la moindre préparation, tout ce qu'il a besoin de connaître de lui afin de savoir quoi lui faire lorsqu'il aura pris place dans le fauteuil, mal à l'aise devant le miroir, un peu tendu, transpirant déjà, acceptant le café ou le verre d'eau minérale qu'on lui propose – et qu'il laissera refroidir ou qu'il oubliera sur la tablette, entre la brosse et le pot de gel – avec cette aisance d'homme du monde qui lui fait toujours défaut lorsque son nez le démange, voilà, comme maintenant, ça y est, juste avant que la coupe ne commence, et il doit dégager une main de sous le peignoir qu'on lui a mis pour se gratter, tout en épiant les clients qu'il repère du coin de l'œil sur les fauteuils voisins, pas dans le but de chercher un indice de solidarité plus que raisonnable – au bout du compte ils sont aussi victimes ou candidats à être victimes que lui – mais plutôt dans celui de déplorer, par anticipation, l'air ridicule qu'il ne tardera pas à avoir devant eux, le triste spectacle qu'il va leur offrir, le désastre minutieux qu'il va héberger sur sa tête dans une demi-heure. Et si ce monde dont il rêve se révèle à lui comme un monde idéal, savant, extraordinairement civilisé, c'est parce que, telle qu'il l'imagine, cette collection de fiches minuscules rédigées avec une écriture presque microscopique – conformément au développement exceptionnel de la motricité fine que les coiffeurs parviennent en général à acquérir –, et où seraient consignés les détails de l'histoire de ses cheveux, l'histoire de son rapport avec ses cheveux, les coupes de cheveux, les salons de coiffure successifs, ces archives il pourra les examiner le moment venu de se les couper à nouveau, non pas pour se confier au coiffeur ni partager avec lui son petit problème – car une telle possibilité lui semble lisse et platement inconcevable –, mais simplement pour qu'elles demeurent présentes dans sa tête et pour sentir leur pression, pour supporter leur harcèlement sinistre. Ce serait déjà tout à fait suffisant. Un soulagement immense, semblable à celui que peut éprouver un organe après qu'on a extirpé la tumeur qui l'opprimait. Libéré de son petit problème, pense-t-il, il n'aurait plus à se plier piteusement, sans défense, sans le moindre espoir de l'éviter, ou du moins de se soumettre à elle avec dignité, à cette situation atroce qu'il craint et qui l'humilie depuis trente ans, au cours de laquelle le coiffeur néglige ce qu'il a toujours de si important à faire dans quelque autre endroit du salon et s'approche de son fauteuil avec un léger empressement, choisit un peigne et une paire de ciseaux et, l'interrogeant dans le miroir – à travers cette déconcertante triangulation optique que, tout au long de sa vie, il n'a réussi à comparer qu'à ce qui se produit dans les audiences des procès judiciaires, où le témoin fait sa déclaration sans jamais répondre directement aux questions des avocats mais par l'intermédiaire d'un tiers, par exemple le secrétaire, chargé de consigner sa déposition et qui est le seul lien lui permettant d'avoir quelque rapport avec le monde –, lui pose cette fameuse question pour laquelle il donnerait y compris ce qu'il n'a pas en espérant ne plus jamais l'entendre, la question qui tue : « Que désirez-vous faire ? », ou sa variante cynique : « Que désirez-vous que nous fassions ? », avec ce pluriel venimeux qu'il sent pénétrer dans ses flancs à la façon d'une dague.

Il s'est demandé plus d'une fois s'il existe quelqu'un dans le monde – c'est une catégorie, ce *quelqu'un dans le monde*, où il inclut naturellement les femmes, même si le rapport particulier que celles-ci entretiennent avec l'ingénierie de la beauté semblerait plutôt les en exclure – qui puisse répondre à cette question. Y répondre vraiment, pas bafouiller, ni rompre en généralités, se retrancher derrière de vagues phobies, lâcher des phrases pour ne rien dire, pour les laisser se déliter en points de suspension. Y répondre vraiment, autrement dit, satisfaire simultanément deux exigences : celle de qui veut se faire couper les cheveux, qui possède ou devrait avoir à l'esprit une idée de la façon dont il veut se les faire couper, et celle de qui se prépare à les lui couper et qui a besoin, si ce n'est d'instructions, du moins de quelque piste pour mener son travail à terme. Lui, en tout cas, n'en a jamais été capable. Peu importe le temps passé à y réfléchir, la nature du sérieux avec lequel il se prépare à affronter la situation, ni l'énergie qu'il met à répéter la scène chez lui, devant un miroir, avec quelqu'un à côté jouant le rôle du coiffeur, le texte qu'il finira par lui répondre, les précisions qu'il lui donnera, la force des détails à travers lesquels il dira enfin ce qu'il désire – car il suffit qu'il se retrouve ensuite assis dans le fauteuil du salon de coiffure et qu'il déverse sa réponse pour se voir réduit à l'immédiate condition d'imbécile. Il ouvre la bouche – « ah… » –, il hésite – « voyons voir… j'aimerais… je ne supporte pas la façon dont… une fois, il y a très longtemps, on me l'a fait… » –, il invoque quelques principes basiques et s'enhardit – « pas trop court, sinon je ressemble à un troufion » –, il fonce à nouveau avec énergie – « je déteste qu'ils gonflent comme ça, comme un casque » –, et tout de suite après il se morfond – « il n'y a pas moyen, non ? ce sont mes cheveux qui… non ? » –, il lit à travers le regard stupéfait du coiffeur l'indigence des métaphores qu'il a passé des heures à choisir chez lui – « irrégulier, vous voyez ce que je veux dire ? une coupe genre maison de correction » –, jusqu'à ce qu'il finisse par se sentir complètement épuisé, par rendre les armes, par déléguer tout ce qu'il n'a pu exprimer avec des mots à ses pauvres mains, mille fois plus maladroites que sa langue, qui s'élèvent tremblotantes au niveau de sa tête et tourbillonnent en faisant des grimaces autour des cheveux : « Ici… comme ça, voyez-vous… ? il faut aplatir ce côté… davantage… pas plus court, non : simplement moins épais… »

Un cauchemar. Un cauchemar froid, propre, désinfecté, comme les salons de coiffure où celui-ci se déroule. Un cauchemar dont il reconnaît, tandis qu'il le subit, chaque péripétie, chaque indication scénique, chaque gag tragique – et qui a commencé quand ? Où démarre cette malédiction des cheveux, la condamnation à dire en toutes lettres ce qu'il attend des cheveux, ce que lui-même attend de ses propres cheveux ? À quel putain de moment est-il devenu responsable de ses cheveux ? Ah, l'enfant qu'il a été ! En règle générale, il pense que la meilleure chose que puisse faire l'enfant qu'il a été consiste à rester tranquillement là où il se trouve, c'est-à-dire sur ces photos minuscules, aux bords dentelés, où on peut le voir en short, pieds nus, en train de courir au milieu d'un bois éternel avec un sourire fragile, fixé avec des épingles sur un fond feuillu de panique. Mais il est également évident que… Oui : c'est bien lui, il est assis dans le salon de coiffure de l'Automobile Club Argentin, un sous-sol sans lumière naturelle où sont alignés, comme les soldats d'une armée passée de mode, déjà passée de mode dans les années soixante, lorsque s'il y a bien quelque chose qui est à la mode c'est l'armée, dix ou douze fauteuils corpulents, recouverts de cuir vert et munis d'étriers de métal ouvragé où ses petits pieds ne se posent que lorsqu'il monte ou descend et avec une extrême précaution, à tel point qu'on peut les confondre avec les plateformes d'une machine à électrocuter des gamins aux cheveux longs. Un gros vieux asthmatique vêtu d'une blouse céleste lui coupe les cheveux de bas en haut avec une machine qui vrombit, comme une tondeuse à mouton miniature. Elle ronge, plus qu'elle ne coupe ; elle élague, lui mordille le cou de ses dents minuscules, courtes et rapides, de chien en train de se tuer les puces. Leur respiration est synchronisée. Lorsque la machine cesse de vrombir, le coiffeur halète ; lorsque le coiffeur cesse de haleter, la machine vrombit. Là-bas en retrait, assise sur une longue banquette, loin de tout, sa mère est en train de regarder un magazine depuis un bon moment. C'est exactement ça, elle regarde un magazine, elle ne le lit pas, ne le feuillette pas non plus, c'est une des rares choses qu'il reconnaît avoir apprises d'elle, en plus de la peur naturellement, de son faible pour les terriers et de son avidité pour l'alcool solitaire.

« Pas trop court. » C'est tout ce que dit sa mère lorsqu'elle le pousse vers le fauteuil et le confie au coiffeur. Pourquoi se fatiguer ? Elle ne finit pas la phrase, elle n'a même pas commencé à la prononcer que déjà le coiffeur dégaine la machine, l'aide à grimper sur le fauteuil et se concentre sur la tonte. Un quart d'heure plus tard, lorsque tout est terminé, il cherche quelque chose qui puisse expliquer cette allure de nudité, ce visage atterré de pupille d'un orphelinat allemand en train de le regarder abasourdi depuis le miroir puis il fait aller et venir son regard de l'un à l'autre des trois points de référence qui sont à sa disposition pour comprendre le phénomène, la tondeuse qui, bien qu'éteinte, semble vibrer encore dans les mains du coiffeur, sa mère, qui se redresse en soupirant, fatiguée d'attendre, sans quitter le magazine des yeux, et les petites touffes de cheveux dispersées par terre autour du fauteuil. Il n'y parvient pas. « Pas trop court. » Tient-il cela de la bouche de sa mère ou est-ce une illusion, un mirage auditif ? Tout enfant qu'il est, il s'aperçoit, en étudiant à longueur de temps les clients adultes qui défilent dans le souterrain sans lumière naturelle de l'Automobile Club Argentin, que de toute façon jeunes ou vieux, certains avec plus de cheveux que d'autres, tôt ou tard et quoi qu'ils disent en entrant ou en s'asseyant, qu'ils engagent la conversation avec le coiffeur ou demeurent muets, absolument tous finissent par être victimes du style béret vert, comme dit sa mère en rigolant et en lui râpant le sommet du crâne du plat de la main. Tous coupés aux mêmes ciseaux.

Là, au moins, il n'y a rien à dire. On n'attend pas que quelqu'un exprime quelque chose, et la phrase que lâche sa mère chaque fois qu'elle entre dans le souterrain de l'Automobile Club Argentin est moins une demande, une chose susceptible d'être concédée ou refusée, qu'un truc de rhétorique, une de ces formules à la fois vides et déterminantes qui ne signifient pas grand-chose mais servent, en revanche, à ratifier la réalité d'une situation particulière : mère, fils, coiffeur, salon de coiffure, coupe de cheveux.

Comme le démontre l'état de brosse éternelle dans lequel ressort toujours sa tête, qui entre pourtant sous la devise « pas trop court », rien ne garantit qu'utiliser des phrases aboutira au résultat escompté, mais tout indique – du moins pour lui, qui du haut de ses cinq, six, sept ans a l'impression, qui par ailleurs ne l'abandonnera jamais, qu'absolument tout ce qu'on voit et qui se produit dans ce bas monde est précaire et suspendu au fil ténu et insensé d'une ou deux phrases qui, pour être efficaces, ne peuvent être prononcées que d'une seule façon – que sans ces phrases, si sa mère ne les proférait pas chaque fois, toujours sur le même ton de mère professionnelle, avant de se plonger dans son magazine, le coiffeur, la tondeuse à mouton miniature, le fauteuil, les redoutables ciseaux à dents qui lui tirent les cheveux, lui-même, tout se mettrait à trembler jusqu'à disparition totale.

C'est le style afro, la tentative d'adopter le style afro qu'il entreprend pour être à la hauteur de l'époque. C'est cela qui le marque pour toujours. Chimère ou clownerie, c'est une chose d'où il ne revient pas intact, si l'on peut toutefois dire qu'il revient. Il considère l'expérience comme terminée au bout de trois mois, c'est-à-dire lorsqu'il a épuisé toutes les solutions pour préserver, car il n'est pas question de parler d'améliorer, le lamentable résultat obtenu et lorsqu'il se rend compte – tellement l'insultant festival de tignasses qui fleurissent alentour le lui renvoie à la figure, des tignasses robustes, insouciantes, d'authentiques tignasses fixées sur l'avenir et maîtresses du monde – qu'un tel rêve n'est pas pour lui. Il renonce. S'il y a un moment pour se rendre, c'est maintenant. Son meilleur ami a été absent au lycée et, d'après ce que lui raconte son frère aîné qui le reçoit lorsqu'il sonne chez lui, le plus âgé des deux aînés, car il y a aussi le cadet de la famille, il est probable qu'il va être absent encore deux ou trois jours… le temps que prendra l'angine pultacée – une expression qu'il entend prononcer avec une certaine difficulté, comme s'il s'agissait d'un récent et soucieux complément à son vocabulaire pas du tout familiarisé avec les technicismes – qui l'a terrassé pour enfin se décider à battre en retraite. Peut-être que son projet afro aura échoué, mais il se sera au moins épargné l'humiliation d'avoir à revivre cet échec chaque fois qu'il se retrouvera devant un tel étalage de vitalité, cette surdose de joie qui irradie la tête toute frisée de son ami.

De telle façon qu'un soir il prend un bain, se lave les cheveux avec un demi-flacon de shampoing, utilise pour se les rincer deux sachets et demi de démêlant, se peigne avec un soin tout à fait surnaturel, le même soin que mettent à faire leur toilette les prisonniers le matin de leur remise en liberté, puis il va se coucher. Et lorsqu'il se réveille de bonne heure le lendemain, il découvre qu'il a à nouveau une tête normale, si l'on entend par normal que, à part quelques restes vaguement frisés qui persistent derrière la tête, il n'y a plus trace de la pesante ingénierie capillaire qu'il a arborée durant quatre-vingt-dix jours. Mais se reconnaît-il vraiment ? Est-il redevenu celui qu'il a été ? Si c'est le cas, où sont donc passés sa blondeur et ses cheveux raides ?

En réalité, lorsqu'il se réveille, il n'a plus les mêmes cheveux. C'est aussi simple que cela, aussi miraculeux également. « Patience », se dit-il. En réfléchissant à ce qui va se passer les jours suivants, il lui semble logique qu'après avoir supporté pendant trois mois un traitement aussi systématique, et surtout aussi contraire à leur véritable nature, pour ne pas dire hostile, les cheveux prennent un certain temps pour récupérer leurs propriétés d'origine. « Ils redeviendront comme avant », se répète-t-il. C'est la phrase amulette qu'il prononce en silence, pour lui-même – d'une part pour la protéger de tout ce qui pourrait la menacer si elle résonnait dans le même monde où résonnent les autres choses, d'autre part parce que c'est de cette façon, c'est-à-dire confinées dans une intimité muette, d'après ce qu'il a lu quelque part, ou ce qu'on lui en a dit, que les amulettes conservent leur force et exercent toute leur influence –, toutes les nuits avant d'aller se coucher, lorsqu'il a apporté à ses cheveux tout le soin, la patience, les solutions qu'il leur a durement chicané pendant plusieurs mois. Mais il se réveille sans arrêt et cette chose pailleuse qui la veille se trouvait à la place de ses cheveux continue à être là, impavide, sans bien sembler se rendre compte de l'angoisse, et même de l'urgence, avec laquelle on attend qu'elle disparaisse. Les jours passent, et avec les jours le temps, et qu'y peut-il vraiment ? Va-t-il se mettre à pleurer ? Petit à petit, il s'habitue. En tout cas il met sa contrariété sur le dos de ce qu'il a dû payer pour échapper à l'état imberbe qui lui a fait honte ces deux dernières années et duquel il semble enfin être en train de sortir, à en juger par les timides poussées de poils qui se font jour sur la zone pubienne, semblables aux touffes d'un pâturage semé à la va-vite, et pas tout à fait recommandable, et par la soudaine rugosité qu'il surprend un jour sur la peau de ses aisselles, jusqu'alors lisse et douce comme celle d'un nouveau-né. Puis vient le moment où ça y est, il commence même à se trouver très bien ainsi, comme il est devenu, à tel point que plus d'une fois lorsqu'il se sèche les cheveux devant le miroir il sent une espèce de tiraillement, une secousse interne qui lui raidit la verge, comme si un câble invisible mais puissant reliait l'image qu'il voit, autrement dit son visage encadré par ces cheveux crépus, ébouriffés par le travail de la serviette de toilette, à la fontaine qui pulse le sang dans son sexe.

Et il pourrait continuer à vivre ainsi, et de fait c'est ainsi qu'il continue à le faire, en s'adaptant à sa nouvelle personnalité, jusqu'à ce qu'un après-midi il croise son père, un après-midi comme un autre, comme tous ceux qu'ils ont passés ensemble ces derniers temps, et qu'en sortant des toilettes de ce bar où ils ont l'habitude de se donner rendez-vous, celui-ci s'assied à sa table, le regarde avec incrédulité et d'un œil hostile, comme quelqu'un qui aurait été trompé, lui qui est complètement pelé depuis l'âge de vingt-cinq ans, c'est-à-dire, en d'autres termes, depuis qu'il a l'âge de raison, lui demande à brûle-pourpoint : « On peut savoir ce que tu t'es fait sur la tête ? » S'il avait été une femme il aurait eu la réaction immédiate de porter ses mains tremblantes à ses cheveux. Mais il se sent plutôt glacé par une amère et affligeante fureur. Il se demande soudain pourquoi son père ne lui a pas dit cela plus tôt, pourquoi il n'a pas remarqué cette chose « qu'il s'est faite sur la tête » tandis qu'il était en train de la faire vraiment, pourquoi il n'a pas poussé les hauts cris à ce moment-là, lorsqu'un simple signe d'attachement, une fidélité, la franche ferveur pour ses anciens cheveux d'enfant – ses cheveux d'origine, raides et blonds – que son père manifeste à présent, trop tard, avec la véhémence atrabilaire que réveillent uniquement chez lui les si méprisables déserteurs, les politiques, les critiques de cinéma et de théâtre, les médecins, les mécaniciens, les psychologues, tous ces gens qui pour une raison ou une autre ne sont jamais à la hauteur de l'éthique qu'ils défendent, du lieu qu'ils occupent ou de la mission qu'ils assument et qui passent leur vie à les trahir, aurait peut-être suffi à le dissuader de poursuivre son expérimentation afro. Mais il ne dit pas un mot. Comme toujours, il n'a pas encore fini de condamner son père que déjà il lui pardonne. Il voit les lumières du bar se refléter sur son crâne cramé, l'enseigne au néon en train de graver la marque d'un café sur la partie supérieure de son front, et d'en faire la publicité pendant quelques secondes, comme sur un écran, avant que l'enseigne ne s'éteigne et ne laisse à nouveau place au premier plan à des taches, des grains de beauté, des restes de desquamation, de petites croûtes, toutes ces traces que des séances de bronzage au soleil aux heures et aux périodes de l'année les plus dangereuses lui ont peu à peu laissées sur le cuir dans ce cas faussement traité de chevelu et que son père exhibe avec orgueil comme si c'étaient des décorations. Il ne comprend que trop sa réaction. Il se trouve frivole, cynique, comme quelqu'un qui aurait l'indécence de compter son argent devant les pauvres. Ou comme un gaspilleur, un de ces enfants de bonne famille qui, saturés jusqu'à la nausée par tout ce qu'ils possèdent, qu'ils n'auront jamais le temps d'utiliser, n'ont pas d'autre alternative que de l'abîmer ou le détruire. À tel point que dorénavant, chaque fois qu'il se coupera les cheveux puis qu'il croisera son père, il lui sera impossible de ne pas ressentir le poids de son regard inquisiteur sur sa tête, ce regard accablant avec lequel les experts en placements financiers qui ne possèdent rien à eux inspectent le registre des mouvements de fonds de celui qui possède tout et a décidé, pour cette fois, de s'administrer lui-même.

Le fait est que cet après-midi-là, collé à l'histoire, il sort du bar dans un seul but : entrer dans le premier salon de coiffure qu'il croisera sur sa route. C'est la première fois de sa vie qu'il ressent un tel besoin de se couper les cheveux. Il a pris congé de son père, qui après avoir ramassé sa veste prince-de-galles se dirige vers une table voisine, se fait une place parmi l'amalgame humain que depuis des années les garçons, les caissiers et les habitués du bar nomment tout court la table – un mélange de réunion d'amis, de parlement de nuiteux et de plateau de télévision sans caméras où l'éditeur d'un hebdomadaire de droite qui décuple ses ventes pendant l'été, un conseiller bancaire, un agent de change, un directeur de cinéma, un distributeur de films étrangers, un acteur comique, un producteur de télévision, un porte-parole qui loue ses services au plus offrant et deux cadres d'âge mûr quasiment inconnus de deux partis politiques qui dans quelques années tenteront de dissimuler cette pourriture intime qui les ronge de l'intérieur pendant la longue hibernation à laquelle les confine le coup d'État militaire, ayant tous en commun leur adoration inconditionnelle du petit centre-ville, dont le bar où ils se réunissent constitue une sorte de quartier général, et la conviction que s'ils laissaient passer un jour sans se réunir, vraiment un seul jour, le pays souffrirait d'un déficit fatal d'intelligence et de clairvoyance, discutent quotidiennement d'un tas de sujets que chacun a ramassé dans la presse du matin, avec la triade football-politique-spectacle bien à l'esprit –, et le salue par un « Ciao, tignasse ! » retentissant, qui attire sur lui le regard de plusieurs de ses compagnons de tablée en leur arrachant quelques gloussements complices. Il emprunte la rue piétonne, évite deux ou trois employés en costume distribuant des prospectus publicitaires qui proposent des visons, des bottes hautes et des gants en chevreau sur un ton mielleux, comme si c'était de la drogue ou des adolescentes nymphomanes, puis il pénètre machinalement dans la galerie de la place.

Cette fois il évite de ralentir le pas pour savourer le spectacle des vitrines pleines de poussière, illuminées par des tubes qui clignotent, où vieillissent ensemble, mais chacun à leur rythme, des *bolas* en cuir cru, de petites églises en céramique, des tuniques hindoues, des éteignoirs à cigarette en onyx, des pipes à maté ouvragées, des brûle-parfums, de tristes vestiges chaque fois moins nombreux – pas parce que les touristes se les disputent mais parce que tôt ou tard, ils sont victimes d'un abandon, ou qu'ils s'ébrèchent, se cassent ou finissent dans les poches agiles d'un voleur – d'une époque dorée qu'il n'a connue que par ouï-dire, entre autres par son père qui, même complètement étranger à l'esprit psychédélique qui l'avait rendue célèbre, étant un grand amoureux du petit centre-ville ne pouvait éviter de s'intéresser à elle, et dont il apprécie, peut-être justement pour cela, parce qu'il est arrivé trop tard, les échos décadents avec une tortueuse délectation réservée aux plus exquis palais. Il progresse le long des couloirs sombres, laisse derrière lui les vitrines murées avec des cartons, la tonnelle du bar dont le rideau métallique tiré permet à un monceau de factures impayées de tirer la langue par-dessous. Mais cette fois il n'est pas entré dans la galerie pour se rendre à son habituelle et minuscule boutique de disques sauvée – comme des formes de vie nouvelles qui sourdent par miracle d'une catastrophe – des ruines de l'époque dorée et qui exhibe tous les disques qu'il aimerait posséder mais qu'il ne peut que regarder, tant ces imports de Londres, de New York ou de Rome s'avèrent hors de portée de son minuscule budget. Cette fois il cherche un salon de coiffure. Il cherche *La Lana Loca*, peut-être le seul repère qui ait survécu intact de l'époque où la galerie, avec sa puanteur de patchouli, ses publicitaires bronzés, ses mini-jupes, ses émeutes d'art conceptuel et ses patrouilles de policiers armés, battait la mesure du modernisme de la ville. Combien de fois, en allant à la rencontre de son père, qui l'attendait au bar, a-t-il regardé du coin de l'œil le salon de *La Lana Loca* tout en traversant la galerie pour prendre un raccourci, en se moquant en silence – lui qui, avec ses cheveux définitivement longs et raides, se paie le luxe de se passer des salons de coiffure – des clients qu'il devine assis sur ces fauteuils jaune strident, et qui sont tous jeunes, qui se prennent tous pour des guitaristes, pour des bassistes, pour des batteurs de rock, et attendent qu'on fasse sur leur crâne la même chose que leurs héros musicaux portent sur le leur, en prenant modèle sur la pochette du disque qu'ils viennent tout juste d'acheter dans la boutique du disquaire ? En revanche, à présent, le voici qui grimpe les escaliers à toute allure, évitant les flaques dissimulées sous des feuilles de papier journal, ainsi qu'une bassine, une barricade de chaises de bureau mutilées, et qui une fois arrivé pousse déjà la porte et entend la musique de Jefferson Airplane lui souffler sur le visage comme un vieil ouragan qui refuserait de se rendre. C'est la première fois qu'il met les pieds dans cet endroit et il sait déjà tout ce qu'il faut savoir. C'est une chose très personnelle : il sait énormément de choses, beaucoup plus que la plupart des jeunes de son âge, mais il n'y a rien qu'il semble mieux savoir que ce à quoi il jure de ne pas s'intéresser. Il sait que dans ce lieu on n'écoute que Jefferson Airplane, que la typographie psychédélique avec laquelle on a écrit *La Lana Loca* sur la façade est celle du *Sous-marin jaune*, que les centaines de bouches rouges qui s'ouvrent effrayées sur les murs, avec une langue, des dents extrêmement blanches et une glotte énorme et irriguée dans le fond en train de défendre le portique d'une gorge toute rouge, viennent de la pochette du premier disque de King Crimson. Il sait que dans ce lieu il n'y a qu'une personne qui coupe les cheveux et que c'est une femme, la patronne du salon de coiffure, une espèce de muse revêche de la galerie, une femme à la mauvaise humeur chronique, avec des pommettes cadavériques et une dentition chevaline, qui porte les cheveux longs, plats, immobiles, comme les joueurs de football vont les porter quatre ans plus tard, dont on dit qu'elle est lesbienne et qu'elle s'appelle Laura. Et à peine entre-t-il dans le local, encore mû par l'élan qui lui a permis de grimper l'escalier, que Laura, sans le regarder, continuant à faire claquer ses fameux ciseaux rouge sang dans la forêt des cheveux qui se trouvent entre ses mains, lui dit avec la pire des voix : « Assieds-toi là. Tu vas devoir patienter. »

C'est la première, ce n'est pas la seule. La première blessure de toute une série qui l'accompagne et le regarde vieillir et qui se poursuit jusqu'ici, jusqu'à aujourd'hui, jusqu'à ce moment critique où la shampouineuse lui met sur les épaules la serviette humide avec laquelle elle lui a essuyé la tête, tout en le guidant jusqu'à un fauteuil avec une délicatesse plutôt étrange, comme si c'était un aveugle ou comme si on venait tout juste de l'opérer de quelque chose de très grave, et qu'elle lui dit : « Venez par ici. C'est Celso qui va vous couper les cheveux », tout en lui indiquant une petite armoire à glace humaine, ou plutôt une commode, en tee-shirt blanc, avec des bras aussi gros que des troncs d'arbre, qui balaie le sol en ciment lisse du local avec une balayette et un soin méthodique, lent. Il range les restes de cheveux en petits tas, puis organise ces tas en paires asymétriques et ensuite, seulement ensuite, les réunit en un seul monticule qu'il dispose d'une petite poussée sur une pelle en plastique. Ainsi, si vingt ou trente ans plus tard il se souvient de Laura ce n'est pas tant grâce à la persistance de ses excentricités de coiffeuse hippie ou de ses habitudes secrètes de hippie lesbienne, ou parce qu'elle fait tout complètement seule, pas uniquement laver la tête et couper les cheveux, et les sécher, et les passer au fer à lisser et les teindre, et les *brusher*, comme on commence à dire à l'époque – en réalité ce pourrait d'ailleurs bien être elle qui a inventé ce néologisme qui fera date –, mais aussi dessiner les lettres de l'enseigne de *La Lana Loca*, peindre les gorges sur les murs du local, balayer et nettoyer, choisir les chansons de Jefferson Airplane qu'on écoutera tout au long de la journée, envoyer les prospectus publicitaires par courrier, recevoir les fournisseurs et, surtout, placer le plus vite possible la marijuana très ordinaire qu'on dit qu'elle vend entre deux coupes de cheveux, ce qui est semble-t-il sa véritable source de revenus. C'est plutôt grâce au genre de marque qu'elle lui laisse, par tout ce qu'elle inaugure, par le long processus qu'elle déclenche. En deux mots : l'expérience de la déception.

En l'espace de quatre ans, le temps qui passe entre cet après-midi et la dernière fois qu'il foule le sol de *La Lana Loca*, il apprend à peu près tout. Il apprend d'abord ce que le crâne désertique de son père et ceux de ses frères lui enseignent depuis des années, sans doute dans un langage trop subtil, ou bien chiffré, pour qu'il puisse le comprendre : qu'avoir des cheveux est une condamnation car c'est aussi avoir la possibilité de les perdre, que c'est une condamnation atroce car, à peine découvre-t-il qu'il peut les perdre, le propriétaire des cheveux sait qu'il a cessé d'être innocent, il sait que désormais et jusqu'à sa mort, dans le meilleur des cas, ou jusqu'à ce qu'il commence à perdre les cheveux, dans le pire des cas, il est voué à un calvaire tout à fait stérile : conjurer le danger en s'occupant des cheveux. Et cela n'est rien malgré tout. Car une autre atrocité s'ajoute à cette atrocité perpétuelle : l'évidence qu'avoir des cheveux c'est, en plus, avoir à les couper, et que les couper c'est exactement le contraire de les perdre, car on ne perd les cheveux qu'une seule fois et pour toujours, de façon définitive, tout comme ils deviennent blancs du jour au lendemain sous l'effet d'un traumatisme ou d'une terreur soudaine, tandis qu'une coupe n'est rien d'autre que le point de départ d'une série d'autres coupes, la première d'un infini lacis de répétitions, car si chaque coupe est unique, si elle est le résultat d'un ensemble complexe de variables, l'état dans lequel les cheveux se présentent à la coupe, la demande ponctuelle de celui qui se les fait couper, le coiffeur à qui il confie ses cheveux, le degré d'évolution acquis à ce moment-là par la technique de la coiffure, la nature des outils utilisés, le niveau de stress ou de calme qui règne dans le salon de coiffure au moment de la coupe – les coupes se ressemblent toutes, elles sont toutes d'une certaine façon une seule et même coupe en cela que personne, jamais, ne peut ni ne pourra donner à celui qui se fait couper les cheveux ce qu'il désire. Ce n'est pas le bien et le mal ; c'est le fantôme, la bête noire, le démon de l'irrégularité qui pénètre dans son corps. Il apprend qu'à la base il n'existe pas un seul coiffeur qui coupe les cheveux deux fois de la même manière. Dans son cas, c'est ou bien parce qu'il ne parvient jamais à demander ce qu'il veut deux fois de la même façon, ou bien parce que le coiffeur ne comprend pas la demande de la même manière, ou bien parce que, même si la coupe est la même, les cheveux, surpris dans une phase déterminée de poussée, qui deviendra sans doute quelque peu différente dans quelques minutes, dans quelques heures ou quelques jours, de la phase où ils ont été coupés la fois dernière, interprètent et modulent la coupe de façon différente, en la faisant souvent dévier de son sens d'origine. Il apprend la douleur de l'insatisfaction, ce tortueux mélange de lassitude, de faim et d'insomnie qui pousse un grand nombre d'individus pataugeant dans la même époque que lui à s'accrocher une arme à la ceinture et à s'infiltrer dans les vestiaires d'un club pour y voler les portefeuilles et les porte-documents d'autrui ou à profiter de la maison d'une grand-mère permissive pour étaler les cartes des unités militaires sur les napperons en macramé. Quelle insatisfaction ? L'insatisfaction qu'on ne les lui coupe pas bien, qu'on les lui coupe bien mais que cet effet *bien* ne dure que quelques jours, que la coupe splendide illustrant la photographie d'un magazine qu'il a apporté comme modèle pour sa coupe ne colle pas avec ses cheveux, ou colle mal avec son visage, ou sympathise et colle bien avec mais le transforme en un stupide portrait de couverture de magazine.

Sans aller chercher plus loin, cet après-midi-là, il sort euphorique avec ses nouveaux cheveux de *La Lana Loca*, presque en état de transe. Il a dû attendre presque une heure et quart – c'est le temps que prend Laura pour effectuer deux coupes Peter Frampton et une Warren Beatty, ainsi que pour fumer trois cigarettes ultralongues puis s'enfermer pour parlementer en murmurant avec un garçon maigre comme un roseau, les bras veinés de gros vaisseaux bleus, dans la pièce minuscule où se trouve le bac à laver les cheveux – avant de s'asseoir enfin dans l'étroit fauteuil jaune, plutôt étudié dans l'idée d'un salon de coiffure pour gamins, se dit-il, que dans celle d'un commerce essentiellement fondé pour camoufler la vente au détail de différentes drogues. Pour le reste, Laura l'intimide, les centaines de gorges vociférant en silence sur les murs semblent être sur le point de lui vomir dessus et pour couronner le tout il n'a pas la moindre idée de comment il veut qu'on lui coupe les cheveux. Ou peut-être en a-t-il une et la voici : « Je voudrais retrouver mes cheveux d'origine. » Mais il ne se voit pas vraiment en train de dire une chose pareille à Laura, il a tellement honte qu'il aimerait disparaître sans laisser de trace. Il s'en rend compte trop tard, alors qu'il est déjà assis et que des courroies invisibles, semblables à celles qui maintiennent les condamnés sur une chaise électrique, l'immobilisent dans le fauteuil, il a beau se concentrer et feuilleter à toute vitesse ses archives mentales de rock stars, toutes de seconde main, toutes d'une netteté aveuglante, les seuls visages qu'il parvient à voir, qu'il pourrait décrire, sont ceux des chanteurs commerciaux qui l'ont comblé tout au long de son enfance, Roberto Carlos, Nicola di Bari, Leonardo Favio, dont aujourd'hui, comme de tout ce qui a un parfum d'enfance, il se moque constamment, sans pitié, moins pour ce qu'ils sont en réalité, ou ce qu'ils représentent, ou pour la qualité de leur musique, que par pur et simple dépit, pour effacer l'humiliation qu'ils lui ont infligé en le séduisant, les seules coupes de cheveux qui se présentent à sa mémoire sont les collections de coupes de cheveux qu'enfant il a vues dessinées dans cette galerie même, ou peut-être à côté, dans une exposition de bandes dessinées qui le marque une fois pour toutes et pour toujours, à tel point qu'après être allé la visiter, lui, le très ancien fanatique de magazines de bandes dessinées, n'en ouvrira plus jamais un, même sous la menace d'un pistolet, les coupes de cheveux de Prince Vaillant de Rip Kirby, de Peter Parker et même de Superman, avec son légendaire toupet et son brillant bleuté, tous des modèles – même s'il en avait apprécié un en particulier, et ce n'est pas vraiment le cas – dont il doute que Laura ou n'importe qui d'autre puisse faire grand-chose. Mais même s'il était capable de montrer ou de dire, dans une courte inspiration, comment il veut ses cheveux, de quoi va-t-il bien pouvoir parler ensuite ? Il n'a pas pensé à cela. De quoi va-t-il pouvoir parler avec Laura le temps que dure la coupe ? De cheveux ? Du rock national, dont il ignore tout ? De la marijuana à laquelle il n'a jamais goûté ? De la fille aux mocassins rouges ? Du fait que son meilleur ami est absent du lycée depuis maintenant cinq jours ? Comment va-t-il faire pour remplir cette demi-heure de désert aride qui se referme sur lui ?

Et cependant la demi-heure s'écoule et il survit. Il se laisse couper les cheveux. Il ne parle pas et ne s'en plaint pas non plus. Laura n'est pas très bavarde, elle est sèche, un peu antipathique, ce qui réveille très rapidement sa sympathie. Elle ne semble pas avoir la moindre curiosité, n'attend rien de lui. Elle lui demande seulement d'exécuter les pas de base de la chorégraphie que tôt ou tard tous les coiffeurs lui font rejouer, garder la tête droite, la baisser jusqu'à toucher sa poitrine avec le menton, la tourner un tout petit peu sur la gauche ou sur la droite, et qu'il met en pratique sans sourciller ou qu'elle l'oblige à réaliser, lorsqu'il est un peu distrait, en le guidant d'une pression drastique des mains. Pour le reste, la musique est tonitruante, elle remplit tout et fait même gauchir les vitres du salon de coiffure, en tout cas c'est l'impression qu'il a lorsqu'il profite de la pause que fait Laura pour fumer une cigarette de cent millimètres afin de jeter un coup d'œil dans le miroir et qu'il fixe son regard sur la vitrine du local, où les lettres de *La Lana Loca* se courbent comme dans un début d'animation en trois dimensions. Lorsqu'il sort, les cheveux coupés, qu'il se regarde du coin de l'œil dans la vitrine d'un commerce abandonné, à son grand étonnement, son image lui remonte le moral.

Il apprend également cela : l'effet drogue de certaines coupes de cheveux. Cette injection de fougue et d'énergie, cet enthousiasme, cette impétuosité qui le transporte chaque fois qu'il sort d'un salon de coiffure. Peu importe la façon dont on lui a coupé les cheveux. L'effet est préalable ; il le perçoit – ou plutôt il le reçoit, car c'est comme un *shoot* –, avant de se sentir capable d'émettre le moindre jugement de valeur sur la coupe, avec la première vision qu'il a de lui-même, les cheveux coupés, après avoir quitté le salon de coiffure. Comme si ce changement d'environnement, qui exhibe aux yeux du monde le nouvel état de sa tête, donnait à sa coupe sa dose de réalité et la vie que le décor du salon de coiffure maintient toujours dans une sorte de suspension, telle une promesse. C'est bien simple : on lui coupe les cheveux et il rajeunit. Cette espèce de ferveur exultante qui le saisit au moment où il perçoit la fraîcheur que produit la caresse de l'air en mouvement dans ses cheveux encore mouillés n'a rien à voir avec la satisfaction de se sentir bien, ou avec la beauté d'une coupe inspirée, ou la découverte d'une allure nouvelle qu'il n'aurait jamais espéré avoir. C'est presque biologique, cela est dû au simple effet de l'action de couper les cheveux. C'est si caractéristique chez lui – toujours imberbe, *baby face*, condamné à ne jamais avoir l'âge que son visage affiche – que quelques années plus tard, alors qu'il n'est pas encore majeur, il prend l'habitude, comme si c'était une loi, de ne jamais se couper les cheveux avant d'aller voir un film interdit aux moins de dix-huit ans. Car chaque fois qu'il tente d'entrer au cinéma on lui demande systématiquement ses papiers. C'est une situation ingrate qu'il négocie, à partir de l'âge de seize ans, en présentant avec la main qui lui tremble le moins la vieille carte d'identité prêtée par son frère aîné qui fut un temps amateur d'opéra et qui est aujourd'hui un parieur effréné. Mais lorsqu'il vient de se faire couper les cheveux, comme cela lui arrive plus d'une fois, même ce subterfuge ne fonctionne pas. S'il a seize ans, il semble en avoir quatorze.

Il se sent si plein de vie cet après-midi en s'éloignant de *La Lana Loca* qu'il décide de faire un crochet par chez son meilleur ami, il l'imagine au fond de son lit, couvert jusqu'aux oreilles, avec une fièvre de cheval, les amygdales sur le point d'exploser, et malgré cela avide d'avoir des nouvelles du monde du lycée, le seul monde, médiocre ou pas, dont il ait envie d'avoir des nouvelles. De telle façon qu'après avoir vérifié du coin de l'œil – car le faire de face serait bien trop indigne pour lui – l'image satisfaisante que les miroirs, les vitres, les plaques métalliques ou toute autre surface réfléchissante lui renvoient de ses cheveux, en le confortant dans l'idée que, de la même façon qu'il a surmonté avec succès l'épreuve de passer du salon de coiffure à la galerie, il surmontera également celle qui consiste à quitter l'enfermement pénombreux de la galerie pour rejoindre la lumière de la rue, il prend un autobus et descend à deux pâtés de maisons de l'immeuble où habite son ami, de loin le plus pauvre qu'il ait eu l'occasion de connaître – encore plus pauvre que le sien, qu'il a toujours considéré comme le comble des vieux immeubles –, même si le quartier où il se trouve est depuis toujours synonyme d'opulence simplement parce qu'il jouxte les jardins zoologique et botanique, qui sont par ailleurs deux des endroits les plus sordides de la ville. Il sonne à l'interphone et entend la mère de Monti lui répondre d'une voix volontaire, rompue au métier de faire fuir les inconnus, et qui devient soudain muette lorsqu'il lui dit que c'est lui, qu'il vient prendre des nouvelles de son ami. Il lui explique qu'il aimerait bien le voir. Le silence se fait et puis plus rien, mais rien à tel point qu'il décide de sonner une nouvelle fois, en se disant qu'il s'est peut-être trompé d'étage et qu'il a mal interprété la voix. Cette fois, on ne lui répond pas. La sonnette grésille, il pousse la porte et il entre, et lorsqu'il arrive au sixième étage, sain et sauf, une fois de plus, après avoir tout autant tremblé que l'ascenseur pendant deux interminables minutes, il trouve la porte de l'appartement de Monti entrouverte et la tête de la mère dépassant de l'entrebâillement et l'invitant à entrer en silence. Il n'a pas mis un pied dans l'appartement que la mère l'embrasse déjà, lui corrige une mèche de cheveux encore humide et se confond en explications chaotiques. L'angine, quatre jours de lit et après l'angine, alors que la fièvre commençait à baisser, voilà qu'il attrape des poux. Des poux, pense-t-il, tandis qu'un frisson de satisfaction parcourt son dos. Il ne parvient pas à empêcher son plaisir rancunier de restituer une version entomologique des doigts de la jeune fille aux mocassins rouges, devenus de monstrueuses larves aux crocs acérés, se frayant un chemin parmi les bouclettes de Monti. Et lorsqu'il est sur le point de se diriger vers la chambre de son ami, comme d'habitude, sans demander l'autorisation, se contentant de traverser le living dans la pénombre, en saluant au passage le père prostré dans un fauteuil et occupé à maintenir à distance le chien cherchant à mordiller les poignets de son gilet, il sent que quelque chose venant de la mère l'en empêche, une force irradiant dans un premier temps de son corps, et ensuite, lorsqu'il s'apprête à traverser le living, une main, la même que celle qui vient de lui arranger les cheveux tout juste coupés, lui attrapant l'avant-bras et le freinant avec une vigueur effarouchée. Il la regarde, la regarde sans comprendre l'ovale noir de son visage, plein de nuances mouvantes, découpé sur un fond sombre. « Nous avons dû les lui... » l'entend-il déclarer sur un ton d'avertissement et de menace. « Nous avons dû les lui couper... » achève-t-elle. Ses lèvres tremblent, elles sont devenues molles, la femme fond en sanglots. Il doit la retenir pour éviter qu'elle ne tombe.

Le lendemain c'est lui, avec sa toute nouvelle coupe de *La Lana Loca* qui manque le lycée sans prévenir. Il dit au revoir à sa mère, sort de chez lui de très bonne heure, habillé en lycéen, avec le cartable bourré à en crever, et, malgré la bruine, parcourt les six pâtés de maisons de rigueur avant de prendre le bus de tous les jours à l'arrêt habituel. La mascarade s'arrête là. Il descend trois arrêts plus loin, à hauteur de l'immeuble de son ami, il attend sa mère, qui fait son apparition vêtue d'une robe de chambre et d'un manteau, ils arrêtent un taxi et se rendent ensemble, sans dire un mot, au Palais de justice, où l'on suppose que Monti, surpris cinq nuits auparavant hors de lui, dans un état de fureur qui a étonné même les deux policiers expérimentés qui les ont pincés en train de dévaliser un *coupé** Torino ivoire flambant neuf, garé dans la rue à quarante mètres de son immeuble, va faire sa déposition devant le juge des mineurs. Ils sont trois : Monti, son frère plus âgé, le cadet de la famille, et un ami des deux, joueur de rugby le week-end et fournisseur de cigarettes et de parfums importés. Les trois participent au vol et ils tombent tous les trois, mais c'est Monti qui repère le *coupé** Torino, d'après les autres il l'a remarqué depuis plusieurs jours. C'est apparemment Monti qui fracture la porte, qui vide la boîte à gants, arrache la radio et peu à peu, à mesure qu'il est gagné par la frénésie de saccager, prend le pas sur les autres et détruit tout, les instruments du tableau de bord, les outils, les rétroviseurs, la roue de secours, sur la fin les roues tout court, les quatre, qu'il démonte à une vitesse démente, comme dans un box de formule 1, avec le cric qu'il a trouvé dans le coffre, sans se soucier et même en se moquant de la discrétion dont ses deux complices lui demandent de faire preuve, car ils craignent que l'opération ne prenne des proportions hors du commun et ne finisse par alerter le commissariat du quartier. Seul Monti n'a plus ni oreilles ni yeux que pour la voiture, pour tout ce que la voiture peut encore offrir à sa rapacité, le volant, les poignées, les housses des sièges, une lampe de poche, un chapelet qui pend au rétroviseur, et seul lui également semble sourd aux cris des autres qui le préviennent de la présence de la police, seul lui enfin, les deux officiers sur le dos, l'un pendu à son cou, et l'autre occupé à lui immobiliser les bras, continue à forcer, en tirant, en faisant levier avec une barre de fer pour déraciner la sécurité chromée de l'aération de la porte avant, la seule pièce du butin qui continue à lui résister.

Il est huit heures vingt. Il n'a jamais imaginé pouvoir se trouver de si bonne heure dans un autre endroit que son lit ou le lycée. La lumière est calme, comme stagnante, et un tapis de sciure amortit les bruits de pas dans le couloir du Palais de justice. Tandis qu'il fait non avec la tête toutes les fois que la mère de Monti lui propose de partager son thermos de thé et les biscuits à tremper qu'elle a apportés de la maison pour rendre l'attente plus tolérable, il se demande s'il pourra voir son ami, comment il doit être habillé, est-ce qu'il mange, est ce qu'il a le droit de parler, combien d'années de prison va-t-on lui infliger, est-ce qu'on l'a frappé, est-ce qu'au cas où on l'autoriserait à le voir il pourra – lui, qui n'a pas volé – lui parler, est-ce qu'il pourra lui parler même si Monti n'a pas le droit de lui répondre et est-ce que Monti, depuis son côté à lui, là-bas, le côté de ceux qui ont volé, sera capable de l'écouter ? Tout d'un coup un monde de mécanismes, de règles, de procédures adultes qu'il devrait connaître et qu'il ne connaît pas, qu'il n'imagine même pas, lui pèse sur les épaules tel un nuage sombre. Il se sent bon à rien. Il se demande si cela a un sens de se trouver là, d'avoir préparé la veille au soir, malgré l'avis ou plutôt la honte de la mère de son ami, qui a tenté en vain de le dissuader, le sac en plastique blanc suspendu à présent à la base de son pouce et de son index, qui se balance légèrement entre ses jambes, et dans le fond duquel, enfermé dans les toilettes de chez lui, seul endroit où il se sent en sécurité, maintenant qu'il se sait être le meilleur ami de quelqu'un qui est prisonnier parce qu'il a volé une automobile, il a mis un paquet de cigarettes brunes, un numéro récent d'un magazine de sport et la liste des friandises qu'il sait que son ami adore.

Tout à coup, il s'aperçoit que la mère de son ami s'est endormie et ronfle doucement la joue contre son épaule. Lui, qui a déjà limité au maximum toute espèce de mouvement, tellement il est intimidé par l'architecture de la loi, même si tous les gens qu'il a vu défiler depuis tôt ce matin, soulagement et déception à la fois, ne sont que d'obscurs employés en costume, des assistants, des secrétaires utilisant leurs chaussures comme des pantoufles en écrasant les talons, quelque policier à l'allure inoffensive qui passe en bâillant, à présent, avec le poids du corps de la mère appuyé sur lui, il s'enfonce encore plus, il se replie tout entier dans une espèce d'implosion craintive pour éviter de la réveiller. Il peut apercevoir la façon dont tremble sa lèvre supérieure lorsqu'elle ronfle, il voit s'agiter à chaque expiration l'ombre d'une moustache très fine, composée de centaines de légers accents noirs et parallèles, tandis que les relents d'un dîner hâtif montent jusqu'à lui traînés par les remous acides de son haleine. Il est neuf heures quarante-deux à l'horloge du malingre bureau qui fait office de réception, neuf heures cinquante à celle du fond. Il a faim. Juste au moment où lui passe par la tête l'idée, qu'il s'empresse de réprimer, de grignoter un des nougats qui se trouvent au fond du sac, un homme jeune jaillit d'un bureau tout proche, il est gominé, porte un costume ancien et serre un dossier contre sa poitrine. Pendant quelques secondes il cherche urgemment quelqu'un des yeux. Finalement, avec une légère déception, comme se résignant aux alternatives offertes par le couloir, il s'arrête à l'endroit où ils sont assis et fait un geste de sa main restée libre, un geste qu'il voit tout à fait nettement, un geste pour lui. Il pense que l'heure est arrivée. Il veut se lever mais découvre qu'il est anéanti. Il craint de ne pouvoir faire un pas, de se chier dessus, littéralement. Il lui a suffi d'avoir cette simple pensée, bouger, répondre, obéir à l'appel, pour qu'une certaine tension traverse son corps et alerte la mère, qui émerge de sa torpeur, intercepte le signal du gars au costume à rayures, se redresse d'un bond et disparaît dans le bureau avec le type. Il reste assis sur le banc, avec le sac en plastique suspendu à une main et le thermos, le petit verre de plastique rempli de thé et le paquet de biscuits dans l'autre. Il attend combien de temps ? Quarante minutes ? Une heure ? Il ne regarde plus les horloges. Ce n'est pas tant qu'il n'ait pas confiance. Il pense plutôt que le temps mesuré n'a rien à voir avec cet élément dans lequel se dilate son attente. Une porte s'ouvre : on entend un téléphone qui sonne, une voix qui dicte, la mitraille d'une machine à écrire, puis tout s'arrête d'un coup, avalé par le fracas de la porte qui claque. Un tube au néon clignote. Un assistant passe devant lui en poussant le petit chariot du déjeuner. Sur un côté du petit chariot, maintenu par un élastique qui ne le soutiendra plus très longtemps, on peut voir un plateau rond, de bar, en acier inoxydable, qui lui renvoie son image pendant quelques secondes. Et il se voit, il aperçoit ses cernes, il se voit pâle comme un fantôme, mais flambant neuf, et en s'apercevant avec les cheveux courts il sent à nouveau quelque part, cachée au fond de lui, comme assourdie par le coton de la pudeur, la même explosion de désir aveugle, sans objet, qu'il a ressentie lorsqu'il est sorti du salon de coiffure et qu'il a reconnu son nouveau visage dans la vitrine du local abandonné. Cela dure une seconde. Le chariot poursuit son chemin, disparaît avec son visage tandis que la porte du bureau s'ouvre à nouveau et la mère et le gars au costume ancien sortent en murmurant, la tête tout près l'une de l'autre, et ils s'arrêtent à quelques pas de la porte. Il se lève ; et ce n'est qu'alors qu'il prend conscience de tout ce qui se trouve dans ses mains. Il voit sortir un policier en uniforme qui s'arrête juste devant la porte, en face de la mère et du type au costume, puis, doucement, en file indienne, comme s'ils venaient tout juste d'apprendre à marcher, tous les deux menottés, le cadet de la famille de son meilleur ami, qui titube un petit peu, le regard fixé par terre, et son meilleur ami.

C'est lui : ils lui ont rasé le crâne. Il a le visage livide et amaigri, on ne voit plus que ses yeux, ses oreilles, ses pommettes et ses dents, ce qui lui donne un air de famille avec tous les prisonniers du monde. La mère retient un sanglot avec un mouchoir tout froissé qu'elle tire de la manche de sa robe de chambre et elle s'écarte un peu pour les laisser passer. Un policier devant, les deux prisonniers, un autre policier derrière : la file se dirige vers lui, qui jurerait, si on le lui demandait, qu'ils ont les chevilles entravées, et il colle son dos contre le mur du couloir. C'est Monti : il a le crâne comme parsemé de petites cicatrices. Lorsqu'il passe devant lui et qu'il le regarde du coin de l'œil, avec une joie mêlée à la peur, la seule chose qu'il reconnaît de son ami sur ce visage rapetissé par la machine à tondre c'est sa curiosité, l'avidité innocente de ses yeux, et le très léger sourire à travers lequel il tente de le tranquilliser – lui, son meilleur ami, qui vient de passer deux jours et passera les trente prochains enfermé dans une institution pour mineurs – avant qu'on le conduise à nouveau en cellule.

Se raser le crâne. Et pourquoi pas ? Il a souvent pensé que rien d'autre ne se rapproche plus de la solution finale. Se raser le crâne et faire d'une pierre deux coups : en finir une bonne fois pour toutes avec les hésitations, le désir insatisfait, l'espoir de toucher du doigt, le style, le genre de coupe spéciale qu'il suppose lui être destinés, enterrer pour toujours – pour la modique éternité que prennent les cheveux à revivre, à pousser, à revenir à la charge avec leur lot de complications – le rêve de l'unique dans cette espèce d'étendue désertique, anonyme, indifférente, à laquelle se réduit la tête une fois balayée par la tondeuse, et accéder du même coup à ce trésor que représente le cuir chevelu, si dissimulé et superficiel à la fois, où une série de raies et d'entailles semblent décrire un dessin secret, ainsi qu'il le découvre lorsque Monti passe menotté devant lui et qu'il en profite pour examiner la surface comme moquettée de son crâne. De fait c'est ce à quoi procèdent la plupart des jeunes qui ont environ vingt ans au début des années quatre-vingt-dix lorsque, comme c'est le cas un peu plus tôt avec les appareils photographiques et plus tard avec les ordinateurs, les tondeuses se modernisent, se simplifient, deviennent moins chères et qu'elles cessent d'être le patrimoine des spécialistes de l'industrie du cheveu se fournissant directement chez les fabricants, pour être vendues dans les boutiques d'électroménager avec les téléviseurs et les réfrigérateurs, et qu'elles font irruption dans les foyers où – entre les mains de garçons probablement excédés par les salons de coiffure ou, en termes plus généraux, en ayant par-dessus la tête que d'autres personnes, les adultes, se mettent à les toucher sous n'importe quel prétexte – elles déchaînent en l'espace de deux ans une vraie épidémie de crânes rasés. Du jour au lendemain, une armée de mâles aux cheveux ras se répand dans les rues de la ville, comme si les casernes, les hospices, les internats, les maisons de correction et les établissements pénitentiaires s'étaient mis d'accord pour libérer simultanément la population juvénile qui saturait jusqu'alors leurs pavillons. Il est tenté de se joindre à eux. La machine ne lui pose pas le moindre problème : il l'a déjà vue en action, elle est toute simple. De fait, Monti a été un pionnier dans la catégorie. Cinq mois après sa libération de l'institution pour mineurs, alors que les foisons de cheveux qu'à l'infirmerie on lui avait tondues à la racine, lors de son internement, ont recommencé à pousser plus sombres et vigoureuses que jamais et qu'elles ruissellent sur son visage comme les tentacules d'une plante exotique, il se procure une machine, pas n'importe laquelle, une Oster, c'est la meilleure marque, il règle la lame au niveau un et lui-même, devant le miroir, imitant de mémoire l'allure expéditive avec laquelle l'officier de l'institution exécute à l'époque sa tonte, en moins de cinq minutes, se rase intégralement le crâne. Il est tenté de se joindre à eux, oui. Cependant il est quelque peu intimidé par la violence, par le côté irréversible de l'opération. Et si une fois rasé il ressemble à un monstre ? Combien de temps devra-t-il cohabiter ensuite avec ce visage ? Et finalement il se ravise. Mais tout de suite après, comme chaque fois qu'il fait machine arrière et masque son recul en se fixant très attentivement sur un aspect infime, peut-être même pernicieux, de la raison qui l'a poussé à se raviser, son attention est soudain attirée par tous ces crânes rasés qu'il commence à croiser, avec lesquels il cohabite, partage les salles de classe, les files d'attente, les sièges d'autobus, les cinémas, les gares de chemin de fer, et qui, parsemés de traces analogues à celles qu'il avait découvertes sur le crâne de son ami ce matin-là dans les couloirs du Palais de justice, des lignes blanches, des défilés où les cheveux s'éclaircissent, des raccourcis zigzaguant comme de petits chemins de fourmis, semblent mettre en lumière des événements, des histoires, des mondes auxquels même ceux qui les portent sur la tête ne savaient pas qu'ils avaient participé. Dans certains cas il s'agit de cicatrices : on a reçu un coup, on est tombé et on a saigné, on a été recousu, et la trace en forme de sept ou la droite énergique ou le petit fer à cheval plus clair qui apparaissent lorsqu'on se rase le crâne constituent des *souvenirs** empêchant que les faits s'évanouissent dans la brume du passé. Mais dans la plupart des cas il n'y a rien eu, ni accident, ni contusion, ni suture, rien, et les marques sont là, aussi nettes que des tatouages ou des empreintes digitales, des lignes de naissance qui, dessinées sur la terre intime de la peau, réapparaissent un jour et font foi d'une identité dont toute autre région du corps ou de la mémoire ne présente pas la moindre trace.

Chaque fois qu'il commet l'imprudence d'entrer dans un salon de coiffure qu'il ne connaît pas, la première chose qui lui vient à l'esprit est de se raser le crâne. Sans aller plus loin, cet après-midi, la fille qui lui a lavé la tête lui indique et le condamne à Celso, et la patience de serf avec laquelle il voit le coiffeur se consacrer à une tâche non seulement subalterne mais on ne peut plus vaine – organiser les restes de cheveux qu'ont laissés les clients en monticules pour ensuite les réunir en un grand tas, les ramasser avec la pelle en plastique et les jeter dans un seau à ordures qui lui arrive à la taille, au niveau de sa ceinture de cuir garnie de clous argentés qui lui fait deux fois le tour de la taille – le décourage complètement. Que se passe-t-il ? Va-t-il se laisser couper les cheveux par le gars qui balaie les restes ? Et pourquoi pas alors par l'employé couvert d'acné qui gère les factures du salon de coiffure, par le plombier qui libère deux fois par mois les tuyauteries des tumeurs de poils qui les bouchent, ou par le vagabond qui surveille les autos garées dans le quartier pour quelques pièces de monnaie ? Sans parler des cheveux – des cheveux tristes et désolants de Celso : une de ces tignasses longues et clairsemées, filasses et amaigries par la malnutrition, la pelade, les shampoings bon marché, allez donc savoir, que ceux qui perdent leurs cheveux se laissent pousser sans le moindre scrupule et sans limite, comme soumis à l'impétuosité anarchique d'une pure sécrétion corporelle, et qu'ils rangent ensuite sur leur tête moyennant des manœuvres très alambiquées, dans un chaos parfaitement calculé, seule façon pour eux de dissimuler – avec des touffes de cheveux si clairsemées qu'elles ne font que les mettre en évidence – les trouées fatidiques qui bientôt envahiront toute la tête et cesseront d'être l'exception pour devenir la règle.

Mauvais commencement. Il hésite. Un début d'étourdissement l'incite à se planter là, au milieu du chemin entre le secteur du shampoing et le salon proprement dit, et, avant même les formalités de rigueur, saluer Celso, s'asseoir dans le fauteuil, etc., à dire à haute voix que non, qu'il ne les lui coupe pas, qu'au lieu de les lui couper, selon une expression qu'il ne sait pas d'où il l'a sortie mais qui, à la différence de toutes celles qu'il doit utiliser chaque fois qu'il pénètre dans la zone d'influence d'un salon de coiffure, en premier lieu couper, et en deuxième lieu beaucoup, peu, pour ne pas parler de technicismes comme « éclaircir », « désépaissir » ou « effiler », toutes toujours ouvertes à un prodigieux éventail de malentendus, lui semble avoir une signification unique, sans équivoque – qu'au lieu de les lui couper il lui passe la machine, qu'il le tonde d'un coup avec le dernier modèle d'Aesculap qu'il reconnaît sur une étagère sous le miroir et qu'on en finisse une bonne fois pour toutes avec tout ça. Ne rien attendre, jamais plus. Ah, s'il pouvait vraiment y arriver ! Car quelle personne sensée choisirait de mourir lentement, entre les mains d'un bourreau dont il ne connaît même pas le visage ? Cependant, lorsqu'il prend place dans le fauteuil, il est à nouveau saisi par cette vieille peur. La tête dans les épaules, il perçoit l'ombre de Celso en train de bouger, de lâcher la balayette et la pelle et de s'approcher de lui ; il le devine dans le miroir qui se trouve en face et qu'il refuse toujours de regarder, et lorsque la main de Celso entre dans son champ visuel, se tendant vers lui avec cette docilité qu'il connaît si bien, si semblable à une main de nouveau coiffeur, il a déjà renoncé à tout, il se comporte déjà en déserteur, et la ferme ambition qui l'avait poussé pendant un instant à se révolter, qui l'avait subjugué en lui laissant entrevoir un autre avenir possible, n'est à présent plus que cendres, qu'une poignée de cendres refroidies que personne ne prendra la peine de balayer. Et sans rien dire il finit par lui serrer la main, une main raide et molle à la fois, énergique et comme gonflée, au poignet de laquelle il lui semble apercevoir quelque chose qu'il avait vu pour la dernière fois au poignet d'un célèbre joueur de tennis, le seul joueur de tennis sacrifié qu'ait jamais connu le tennis argentin : une gourmette de cuivre dont les jus verdâtres déteignent déjà sur sa peau bronzée. Il s'installe dans le fauteuil, se laisse passer le peignoir sans manches et poser un col de protection sur les épaules puis commence à compter en silence. Dix, neuf, huit, sept… Il lève les yeux, client et coiffeur entrent en contact visuel dans le miroir. Confiant, Celso sourit : « Que vous faisons-nous, aujourd'hui ? »

Et la chose se produit. Contre toute attente, contre la sauvage et hâtive idée qu'on peut se faire du coiffeur si l'on se fie seulement à l'arsenal déchaîné des réponses mentales avec lesquelles il aimerait allègrement écraser cette question insupportable, Celso, le petit culturiste qui il y a une seconde, en bon maître du gaspillage, consacrait ses muscles bien tournés à balayer artistiquement, à la façon d'une étoile mineure de comédie musicale, une foule infiniment légère de cadavres de cheveux, s'avère en réalité être un artisan scrupuleux, consciencieux, efficace. Le début de la séance ne peut s'avérer plus critique : Celso est gaucher, ce qui, vu dans le miroir, c'est-à-dire de façon inversée, inverse également l'effet rustique que les gauchers produisent d'habitude, en transformant son air d'homme des cavernes maladroit en une allure d'un exotisme vertigineux ; il a un pouce et un index anormalement gros, au bord de l'éléphantiasis, au point qu'il se demande comment celui-ci parvient à les faire passer dans les anneaux des ciseaux. Il coupe les cheveux avec une technique insolite, à la fois virtuose et affolante : il divise la tête en minuscules parcelles imaginaires, dont il est le seul à avoir les contours à l'esprit, et il travaille chaque parcelle à coups de ciseaux microscopiques, d'une délicatesse inédite. Tout est si réduit, infinitésimal, qu'il se demande par moments si l'on est réellement en train de lui couper les cheveux, si ce qui l'impressionne comme un prodige de célérité motrice n'est pas en réalité une illusion d'optique ou une farce. De fait, Celso interrompt la coupe à deux reprises pour aller répondre au téléphone et les deux fois lui en profite, en se tordant le cou, pour jeter un coup d'œil suspicieux sur ses épaules, sur les alentours du fauteuil pour chercher la preuve qui confirmera ou infirmera ses doutes. Les cheveux sont là, oui, mais il s'agit plutôt de filaments extrêmement fins, individualisés, qui semblent avoir été coupés l'un après l'autre. Rien de plus éloignés des opulentes touffes sombres qui tapissent les salons de coiffure à l'heure de la fermeture.

Pour le reste, il est un peu inquiet à cause du temps. Il n'est pas insensible à cette minutie, à la valeur de la parcimonie et au sens du détail. Mais il a les cheveux longs, plus longs que d'habitude, et à ce rythme, à supposer que sa tête, dans l'état où elle se trouve, soit susceptible de se diviser en combien ? combien de lots semblables aux deux lots, à peine, que Celso a mis vingt minutes à couper ? sept lots ?

douze ? il a l'impression que la séance de coupe ne finira jamais. Avec son peigne, le coiffeur saisit une insignifiante mèche de cheveux de deux, au maximum trois centimètres de longueur, il la soulève et l'écarte de la tête, comme des cils, et ensuite, à mesure qu'il la laisse retomber en plusieurs parties, comme un petit rideau de théâtre, il la raccourcit avec de subtils petits coups de faux. Puis il reproduit son geste à plusieurs reprises. La nuit va tomber, tout le monde sera parti – d'abord la fille aux piercings dans le nez –, la ville se sera endormie, les insomniaques commenceront déjà à grimper aux murs, et Celso sera toujours aussi absorbé par ses légers et vibratiles battements d'ailes en acier inoxydable. Vingt-cinq minutes plus tard, une épaisse couche de sueur lui colle le tee-shirt dans le dos. Il ne s'en est pas aperçu, mais voilà un bon moment qu'il serre le bout des accoudoirs du fauteuil avec une force démentielle, comme s'il se trouvait à bord d'un avion sur le point d'atterrir ou de s'écraser. Le temps que prend la coupe lui semble inconcevable. Il s'imagine déjà victime d'un vrai prodige : celui de voir ses cheveux blanchir tandis qu'on les lui coupe. Par moments, les pointes des ciseaux sont si rapides et aériennes qu'elles ne bougent presque pas, qu'on ne les voit pratiquement pas s'affairer, et il a l'impression que d'un instant à l'autre, emporté par la rapidité imperceptible, semblable à celle d'un colibri, des doigts de Celso, tout finira par s'arrêter, le bourdonnement des tubes au néon du salon de coiffure, le jet d'eau du bac à shampouiner, les allées et venues des autres employés, la circulation au-dehors, dans la rue, le monde entier.

Ils parlent. Que leur reste-t-il d'autre à faire, sinon ? Celso est paraguayen, originaire d'Asunción. Il vit depuis deux ans et demi à Buenos Aires. Il a déjà habité les quartiers de Constitución, de Once, de Congreso, le Barrio Norte et celui de Palermo. Toujours dans la capitale. Si c'est pour vivre en banlieue, renchérit-il, autant rester à Asunción. Mais il n'a rien vu de plus extraordinaire que le quartier de Palermo : avec ses commerces, les races de chiens qu'on découvre dans la rue, les bars, les grosses voitures. Les discothèques de la Plaza Italia. Toutes les fois où il a vu le petit jour se lever à l'*Hypnosys* ! Maintenant il vit à nouveau dans le quartier de Once, explique-t-il, en joignant trois doigts et en frottant leur pulpe les unes contre les autres en signe d'argent. Il parle un espagnol châtié, bien rangé, parfois à la limite de l'intelligible, comme s'il avait mal évalué la dose de sérénité avec laquelle il avait décidé d'atténuer l'agressivité des intonations paraguayennes. Son père et sa mère sont également dans le métier, depuis des années : ils possèdent un salon de coiffure dans le centre d'Asunción, à l'angle des rues Haedo et O'Leary, à deux maisons de la boutique d'optique *Nessi*. Mais lui, il a appris tout ce qu'il sait de la coiffure au Brésil. Le lycée à peine terminé, il explique à ses parents qu'il va partir à Rio de Janeiro pour étudier le tourisme. Il craint de dire qu'il va suivre une formation de coiffeur car ses parents pourraient se dire qu'il est homosexuel. Rio, ah, quelle époque ! Quelle existence folle, quels paysages merveilleux, et quels fruits ! Comme les Brésiliens sont différents des habitants de Buenos Aires ! Lui, il aime les deux. À présent il est très bien ici, demain sera un autre jour.

Il n'aime pas rester trop longtemps dans un même lieu. Il commence à travailler chez *Stilo Stella*, puis il passe chez *Fashination*, ensuite un cousin qu'il n'avait pas vu depuis des années le fait entrer chez *Coca Peinados*. Il travaille chez *Men*, chez *Voilà*, chez *Vivian de Lyon*... Il ne se souvient plus très bien. Chez *Volume 1* il se sent très bien : c'est une autre pointure. Deux mois de plus et on lui faisait signer un contrat de travail. Et tandis qu'ils sont en train de parler, pour aussi incroyable que cela semble, le reste poursuit son cours. D'une certaine façon, un peu comme les magiciens chauffent le public avec des tours très évidents pour détourner l'attention de l'endroit où va se dérouler le truc, Celso progresse dans son travail, il en finit avec un des lots imaginaires dont il a parcellisé la tête, puis il passe au suivant et le termine également sans se bousculer, sans prendre de raccourcis, toujours avec les mêmes petits coups de bec de colibri, *tzic tzic tzic*, et une demi-heure plus tard, sans très bien comprendre comment il s'y est pris pendant les dix dernières minutes pour doubler, peut-être même tripler, le rendement obtenu pendant les vingt premières minutes, il pose les ciseaux sur la petite console, revient à ses côtés, lui soutient légèrement la tête avec deux doigts de chaque main, comme un Indien jivaro exhibant un tout nouveau trophée de guerre, et avec ce bizarre strabisme que les coiffeurs contractent toutes les fois qu'ils viennent de terminer une coupe, et qui leur permet d'observer le visage d'un client et en même temps une œuvre d'art, il le guette dans le miroir en attendant son verdict.

C'est un génie. Il ne le lui dit pas, bien entendu. Il n'ose même pas se l'avouer à lui-même. Mais même sans articuler le verdict informe et sournois qu'il entend résonner quelque part dans sa tête, tandis qu'il acquiesce devant le miroir et approuve ce que Celso est en train de lui montrer, il tente cependant de combattre la jubilation chaleureuse et surtout inconnue que lui inspire le reflet de son visage dans la glace, en réprimant le sourire qui s'insinuait sur ses lèvres et en faisant de vagues gestes qu'on pourrait tout à fait prendre pour une objection : il se lisse un épi pointant près de l'oreille, sans doute trop raide, il mesure une mèche peut-être plus longue qu'il n'aurait fallu. Celso est un génie. Et s'il refuse de le lui dire, s'il ne va même pas tolérer que cette phrase se forme complètement au fond de lui, c'est tout simplement par méfiance : il n'est point d'expérience du bonheur qui ne soit accompagnée, comme si c'était son ombre, d'un soupçon de superstition. Il se regarde dans le miroir et tout lui fait peur : que ce ne soit pas vrai, que ce soit un sortilège, que le charme se rompe soudain, que Celso perde ses pouvoirs au moment où il va lui avouer qu'il en a. Pour le reste, peut-être sera-t-il assez idiot pour recommencer à se faire couper les cheveux dans un salon de coiffure qu'il ne connaît pas et que personne ne lui a recommandé, mais certainement pas pour refuser de retenir la leçon qu'on lui a donnée chaque fois qu'il s'est laissé aller à commettre une pareille bêtise. Il connaît parfaitement l'anxiété qu'on ressent dans ces cas-là. Il connaît surtout le rapport pervers, aussi direct qu'une flèche, qui en général relie cette anxiété initiale à l'ardente et excessive satisfaction qui l'envahit quelquefois lorsqu'il découvre ce qu'on vient de faire à ses cheveux. Il sait qu'il ne faut pas s'y fier, que ces accès d'enthousiasme, nourris par l'état d'incertitude avec lequel il entre dans les salons de coiffure, ne sont en général que pure manie ou illusion, en tout cas l'antichambre fugace d'un atterrissage forcé qui, s'il ne le prévoit pas, ne se contentera pas de le faire souffrir deux fois plus, mais mettra bien plus longtemps à passer et à se faire oublier. C'est la loi perfide mais fatale de la coupe de cheveux, qui – comme toute drogue – privilégie un seul de ses effets, l'effet immédiat, le *bon* effet, pour négliger l'autre, l'effet temps, qui de façon tout à fait prévisible n'ouvre que sur la destruction, la tristesse et la décadence. Il doit se méfier. Ne lui est-il pas déjà arrivé de sortir tout content d'un salon de coiffure, en état de grâce, et le lendemain, ou le jour même, ou encore quelques heures plus tard, ou seulement quelques minutes après avoir été arraché à cet autisme voluptueux par une distraction quelconque, et en repêchant les traits de son propre visage sur la vitre d'une automobile ou dans le miroir d'un ascenseur, en revoyant sa tête toute seule, loin de la main qui vient de la sculpter, sans l'aide ni l'aura que lui confèrent les dernières touches du coiffeur – toujours prégnantes et stratégiques, comme les derniers photogrammes d'un film –, sans les lampes dichroïques, la musique de fond du salon de coiffure, la rumeur des séchoirs à cheveux et le frôlement des peignoirs en plastique sur les vêtements, sans cette frénétique mise en scène qui fait de toutes ces têtes une question de vie ou de mort – combien de fois ne lui est-il donc pas déjà arrivé, en revoyant sa propre tête telle qu'elle est, une tête normale, avec des cheveux fraîchement coupés, de s'effondrer d'un coup, le moral dans les chaussettes ? Voilà pourquoi il demande une serviette de toilette, se sèche un peu les cheveux et se regarde à nouveau. « C'est bien », dit-il. C'est tout ce qu'il dira. Il est soudain gêné. Il aimerait se retrouver dehors, très loin, sur une autre planète, où tout continuerait à être beau et heureux au-delà du bloc de temps et d'espace où tout a commencé pour la première fois. Il se redresse d'un bond, un peu à contretemps, et heurte avec sa tête encore humide l'épaule de Celso, tout surpris tandis qu'il s'approchait pour lui ôter le peignoir de plastique, et il retombe dans le fauteuil, où celui-ci le lui retire. Celso lui brosse le cou et les épaules avec une petite balayette à main, il lui tend une carte de visite où sont inscrits le logo et le téléphone du salon de coiffure, son nom en capitales d'imprimerie, son jour de congé, et lui serre la main. « Je m'appelle Celso, dit-il. On se revoit dans un mois. »

Dix minutes plus tard, tandis qu'il traverse la ville comme anesthésié, les paupières lourdes, il réalise ce qui vient de se passer : c'est la première fois qu'un coiffeur lui révèle l'espérance de vie d'une coupe de cheveux. Comme il continue à ne pas reconnaître de façon officielle le talent de Celso, il investit dans ce détail l'enthousiasme que par prudence il se refuse à manifester tout haut. Cela lui semble une extraordinaire preuve de franchise ; et, à y regarder de plus près, une vraie leçon de philosophie. Si évident cela soit-il, ce que Celso achève d'admettre est une chose qu'aucun de ses prédécesseurs n'avait jamais admise, y compris le coiffeur de l'Automobile Club Argentin, Laura, l'imbécile qui un jour, sans le prévenir, a commencé à lui couper les sourcils et tous ces abrutis qui lui lavent la tête sans régler la température de l'eau, et cela lui procure un soulagement immédiat : aucune coupe de cheveux n'est éternelle. Celso, pense-t-il, est le premier qui coupe dans le temps, contrairement à tous les autres, qui misent tout sur l'action de couper et sont aveugles devant la seule chose qu'ils ne devraient pas perdre de vue : la vie d'une coupe de cheveux, cet avenir sans lequel elle n'est rien. Combien est-ce que cela coûte ? Combien en plus que la somme dérisoire qu'il vient de régler ? On lui réclame vingt-cinq pesos pour la coupe et cinq pour le shampoing. Il paierait facilement cent, cinq mille, vingt millions. Un peso par cheveu, ou cinq, ou cent cinquante. Mais il les lui paierait seulement à lui, à Celso, jamais à la rouquine anémique de la réception, cet émissaire à la solde de la crapule qui l'exploite. En réalité, même si la sentence du jugement n'a pas encore été prononcée, la coupe lui semble à ce point unique, exceptionnelle, qu'il trouve même outrageant de lui adjuger un prix. Il n'est même pas capable d'estimer la valeur de ce supplément de qualité qui d'une certaine façon pourrait personnaliser son paiement, en donnant un équivalent monétaire proportionnel à la gratitude qu'il ressent. De fait, il repère la tirelire en verre où dorment quelques maigres pourboires, sur le comptoir de la réception et il ne laisse rien, même pas un centime.

Quarante-huit heures plus tard, un laps de temps plus que suffisant pour que le travail qu'on lui a fait montre le bout de son nez, s'il en a un, et le déçoive une bonne fois pour toutes, la coupe n'est pas seulement restée vigoureuse et fringante mais elle devient de mieux en mieux. Elle se pose et fleurit à la fois, elle trouve le point qui lui convient et conserve ses promesses, elle s'intègre à lui, à son visage, à ses oreilles décollées, à son nez tordu, à son moral toujours si fragile, si arrogant, et elle semble lui annoncer quelque chose qu'il ne parvient pas encore à déchiffrer. Elle lui donne espoir. Ça y est, il n'a plus de raison de le garder pour lui. Celso est un génie. Le temps, l'oreiller, le réveil, la douche, la serviette de toilette, la graisse, la lumière, les miroirs, les cheveux des autres, le vent, la vie dans le monde : il n'est pas une épreuve que la coupe de cheveux n'ait surmontée, et elle les a toutes surmontées sans le moindre effort, avec une aisance aristocratique. C'est un génie et même Eva, sa femme, qui est par principe réfractaire à toute initiative cosmétique de sa part, l'admet. À plusieurs reprises, tandis qu'ils discutent, il s'aperçoit qu'elle est soudain dans la lune, en extase, en train de lui regarder la tête, bouche bée, ou de cligner des yeux pour percevoir la ruse avec laquelle Celso a résolu certains problèmes particulièrement compliqués, l'endroit situé derrière les oreilles, par exemple, ou l'épi au sommet du crâne qui conspirait déjà contre le règne de la raideur sur les photos prises à l'âge de neuf ans, ou la partie postérieure de la tête, auparavant courbée, comme abattue par une triste douceur osseuse, qui est à présent droite, ferme et éclatante. Et lorsqu'il oblige Eva à reprendre ses esprits, moins pour continuer la conversation que pour mettre en évidence ce qui vient de la distraire et pour la forcer ainsi à admettre que lui aussi peut avoir un pouvoir de décision sur sa propre apparence sans se tromper – lui qui n'accepte de prendre un bain que lorsqu'il ne peut faire autrement, qui choisit des déodorants écœurants et vante la douceur des shampoings en sachet des vestiaires des piscines publiques –, elle réagit en secouant imperceptiblement la tête et dit en soupirant : « *Sérieusement* : il t'a très bien coupé les cheveux. » Et ensuite passant les mains dans ses cheveux à elle : « Est-ce qu'il coiffe également les femmes ? »

Un soir voilà qu'ils se disputent. Bien sûr, à cause de Curtius. À huit heures vingt-cinq l'employée du salon appelle et avec une voix de m'as-tu-vu professionnel, contrariée mais ravie que quelqu'un lui offre l'occasion de vider ses réserves de mauvaise humeur alors qu'elle donnait cette journée pour perdue de ce point de vue, elle demande de façon très désagréable ce qui se passe : ils sont sur le point de fermer, Curtius est prêt depuis six heures et quart, on était convenus qu'ils passeraient le prendre à six heures et demie, ils lui doivent trente pesos pour son travail. Curtius ! Comment ont-ils pu l'oublier ? De la perplexité du phénomène (zéro intérêt) ils passent à l'attribution des responsabilités (intérêt maximum). De qui était-ce le tour ? Ce n'est pas quelque chose de facile à régler. Pour elle qui croit aux tours de rôle et qui a pris la peine de l'emmener, il est évident que c'est son tour à lui. Pour lui, qui croit que les actions se classent en familles d'actions similaires, il est évident que c'est son tour à elle : qui est donc la personne la plus indiquée pour aller le chercher, sinon celle qui l'a emmené ? Ils haussent quelque peu le ton. Au comble du dédain, chacun disparaît et laisse l'autre en train de vociférer tout seul. Le téléphone sonne à nouveau, ils le laissent sonner tout en continuant à se disputer, secrètement ravis par la touche de démence supplémentaire, comme dans les films d'horreur psychologique, que la sonnerie, par ailleurs assourdissante, étant donné que la dernière à régler son volume a été la femme qui fait plusieurs heures de ménage à la maison, qui est un peu dure d'oreille et attendait l'appel de son beau-frère malade habitant Santiago del Estero, apporte à la dispute. Soudain, avec un acharnement offusqué et spectaculaire, ils se mettent tous les deux à chercher leur trousseau de clés à travers toute la maison, puis c'est lui qui réapparaît le premier en brandissant son porte-clés et en annonçant qu'il ira tout seul. « Comment sais-tu que ce sont tes clés ? » se méfie-t-elle. Finalement ils y vont ensemble : ils n'ont pas l'intention de ne pas profiter des cinq minutes à pied qui les séparent du salon de toilettage pour continuer à s'insulter.

Curtius est bien le seul capable de les exaspérer ainsi, à une vitesse supersonique, mais c'est aussi le seul à pouvoir les calmer. Curtius ou cette espèce d'embryon famélique et craintif que la toiletteuse leur remet à la place. Tondu à ras, à ce point ras que son pelage original tout doré est devenu tout rose, rose comme le fragile intérieur de ses oreilles, le chien ressemble à présent à la version fakir, mi-nouveau-né et mi athlétique tellement on voit chacun de ses muscles, d'un cocker spaniel. Le seul endroit où il lui est resté quelques poils c'est sur les oreilles, lourdes comme des rideaux de théâtre, et les pattes, fourrées comme de confortables pantoufles. La patronne du salon de toilettage a de la chance : attendris par la maigreur du chien, qui à peine les voit-il pénétrer dans le local fait un bond vers eux et manque de s'étrangler avec sa propre laisse, ils paient les trente pesos demandés et l'emmènent sur-le-champ, sans vérifier en détail ce qu'on lui a fait, et lorsqu'ils pénètrent dans leur cuisine, lorsque Curtius, encouragé par les caresses qu'on lui prodigue sur le dos, se couche ventre en l'air et leur offre la soie rose pâle de son ventre, Eva et lui remarquent les blessures que lui a infligées la bouchère en charge de le tondre. Il y en a plusieurs petites, la plupart superficielles, mais deux autres plus sérieuses sont en train de sécher en formant de petites croûtes marron. Agenouillé devant le chien, qui halète de joie et se frotte le dos sur le carrelage de la cuisine, il aperçoit deux coupures autour du mamelon droit, sur la première file, une, grande, sous l'aisselle, trois égratignures sur l'aine gauche et une plus longue, erratique, qui zigzague près des parties génitales. Le spectacle aurait pu l'indigner, mais Curtius ne lui en laisse pas le temps. À peine lui caresse-t-il du bout des doigts le ventre rosé, pour identifier au toucher les blessures que ses yeux refusent d'accepter, que l'animal bande son corps dans une espèce de contraction subite, comme un arc, récupère toute l'énergie que les caresses lui avaient ôtée, bondit et se plante tout entier dans la partie la plus tendre, la plus innocente et appétissante de sa main droite.

Tout cela ne dure presque rien : une seconde. Plutôt que de la douleur, il ressent une certaine perplexité et un poids incroyable, une très forte pression concentrée sur une étendue très réduite de son corps, et aussi la sensation que les deux faces de sa main, séparées auparavant par une épaisseur composée d'os, de tissus, de tendons, sont à présent réunies à mi-chemin, comme les deux faces d'un matelas le sont par le bouton du capiton. Il comprend pour la première fois la différence qu'il y a entre être un corps et n'être qu'un morceau de viande. Comme si cela ne l'intéressait plus, Curtius lui lâche la main, s'assoit, regarde autour de lui à la recherche de quelque passe-temps agréable et, se pliant complètement en deux, se précipite sur la base de sa queue pour écraser l'habituelle mutinerie de puces qui se manifeste après tout toilettage. Quant à lui, il examine sa main avec beaucoup de précautions. La blessure se situe au centre d'une zone qui commence déjà à bleuir. Elle est en forme de sept : un méplat en angle que la poussée du sang obscur, presque noir, en train de se liquéfier, commence à décoller de la peau. La douleur fait son apparition en même temps que cette image et que le sang laisse goutter des pois rouges sur le carrelage noir. Il maudit le chien, il fonce sur lui et lui envoie un coup de pied qui, passant loin de sa cible, atteint le néant de l'air, saboté par sa propre peur et l'indifférence de l'animal, trop occupé encore à exterminer la colonie d'intrus qui lui mordillent le train arrière. Eva ouvre le robinet de l'évier et l'oblige à mettre la blessure sous l'eau. « C'est à cause de ça qu'il ne t'a pas reconnu », dit-elle, étonnée. Il la regarde sans comprendre. « Je veux dire, à cause de la coupe », explique-t-elle. « De quelle coupe, la mienne ou la sienne ? » demande-t-il, plutôt scandalisé. Bien qu'il l'admire, il a toujours pris pour un manque de considération, pour un accès d'incivilité agressive, la capacité d'Eva à décréter, au beau milieu d'une urgence, les moyens de la résoudre et d'élaborer en même temps la théorie qui pourra l'expliquer. « Les deux, répond-elle. Lorsqu'on les lave ou qu'on leur coupe les poils, les chiens perdent l'odorat, ils ne reconnaissent pas leur propre odeur, et ils ne se reconnaissent pas eux-mêmes. Ils deviennent psychotiques. Et toi, par-dessus le marché, tu viens juste de te couper les cheveux… Tu n'as pas remarqué comme Curtius a un comportement bizarre depuis que tu es allé chez le coiffeur ? » Il promet de réfléchir à la chose dès qu'il aura un peu de temps. Il appuierait même cette hypothèse sans réfléchir s'il ne sentait pas sa main s'engourdir sous l'effet de la douleur, comme si l'eau, une fois infiltrée dans la blessure, une fois à l'intérieur de la chair, devenait de la glace. Il tente de retirer sa main ; elle l'en empêche : « Laisse-la une seconde de plus. Je vais chercher le terra-cortril. » À peine se précipite-t-elle dans la salle de bains qu'il retire la main de sous le robinet et l'enveloppe dans un torchon. Elle lui fait si mal qu'il ne la sent presque plus. Il se dit que s'il se masturbait maintenant, ce serait comme si quelqu'un d'autre le masturbait. Couché, haletant, Curtius le regarde et lui renvoie le vide de ses yeux amnésiques. Un vacarme lui arrive de la salle de bains, un tintamarre en chaîne de portes qui s'ouvrent et claquent, de flacons de verre qui tombent par terre, de compte-gouttes qui tintinnabulent, et la voix d'Eva qui proteste contre un « ils » anonyme, compact, associé à une certaine perversité consistant à utiliser des médicaments sans les remettre à la place qu'ils occupaient auparavant dans l'armoire à pharmacie. Et ensuite, comme un modeste coup de tonnerre, le téléphone le fait sursauter. Le boucan de la salle de bains s'évanouit. Il entend la sonnerie retentir une, deux, trois fois. Il se dit : « Si elle répond, je la quitte. » Et à peine se dit-il cela que la sonnerie cesse. Curtius, qui s'ennuie, tente de soulever le couvercle de la poubelle avec son museau. Il se dit aussi qu'il est, a été et sera toujours un bon à rien, en ce qui concerne les exigences du monde de la simultanéité. Mais comment est-il possible qu'Eva soit toujours disponible pour tout faire en même temps : le sang et les choses les plus infimes, l'abnégation dévouée et les frivolités du monde ? Il l'entend revenir, s'approcher dans le couloir, et le silence comme muselé dans lequel elle est enveloppée lui confirme qu'elle a décroché, effectivement, sauf que celui qui a quelque chose à dire ce n'est pas elle mais l'autre, celui qui a appelé. Elle réapparaît dans la cuisine avec son plus bel air de stupéfaction, le téléphone collé à l'oreille, agitant un aérosol de terra-cortril dans les airs. « Si elle me passe le téléphone je la quitte », se dit-il. « Il est ici, oui. Je te le passe », dit-elle au téléphone. Mais son interlocuteur n'est pas disposé à la lâcher aussi facilement, et Eva supporte en silence cette coda unilatérale tout en cherchant la notice du médicament. « Oui, bien sûr, dit-elle. Et on organisera quelque chose. D'accord. Moi aussi. À bientôt. » « Ciao, ma belle », répète-t-elle, incrédule, en lui tendant le combiné. Il fait non de la tête, brandit en l'air sa main enveloppée dans un torchon sanguinolent. « C'est un dénommé Monti. Il dit que vous étiez au lycée ensemble, murmure-t-elle, en clignant des yeux pour lire la minuscule typographie de la notice. Ce truc doit être périmé. Il est à ta recherche depuis plusieurs années. Il dit que vous devez vous parler tout de suite au risque de vous taire pour toujours. »

À part lui, ses oreilles, sa fidélité inconditionnelle, sa bonne humeur, sa façon d'étendre les serviettes de toilette après les avoir utilisées, son faible pour les cartes et les pique-niques, son talent pour le calcul mental et son petit problème avec les cheveux, c'est cela – cette voix qui surgit du néant, qui sous-entend avec aplomb une intimité qui n'existe pas et prend congé de quelqu'un qu'il ne connaît ni d'Ève ni d'Adam avec la formule « ciao, ma belle » – que partagent entre elles les six femmes avec lesquelles il a eu l'occasion de vivre tout au long de ces vingt dernières années. Il continue à l'appeler mon meilleur ami. Ce n'est pas qu'il n'ait jamais pensé à d'autres solutions. Il n'a pas le choix : chaque fois qu'il réapparaît, Monti réapparaît exactement au même endroit, avec la même vitalité vociférante, la même profusion de jovialités, la même disposition têtue à être heureux malgré tout. Il le prend. Sans s'en apercevoir, il saisit le téléphone avec la main blessée, il sursaute et, déjà plein de sang, l'attrape de l'autre main. Il n'a encore rien dit que l'autre l'oblige à l'écouter : « Je t'ai retrouvé. Cette fois tu ne vas plus m'échapper. Que deviens-tu, mon grand salopard, espèce de gros fils de pute, depuis tout ce temps ? » C'est bien lui, c'est bien sa façon de scander les phrases tout en expulsant la fumée de sa cigarette. Et d'une certaine façon c'est lui pour la simple raison qu'il ressuscite et se présente à lui par téléphone, car le téléphone est plus que le canal grâce auquel sa voix se transmet, c'est l'acide et le formol qui la polissent, qui la conservent et la réduisent à l'essentiel, en la débarrassant des changements à travers lesquels le temps aurait pu la rendre méconnaissable. Il l'entend, détecte l'orgueil que continue à éveiller chez lui son propre sans-gêne, l'impunité joyeuse avec laquelle une fois de plus il continue à forcer les portes d'une vie qui n'attendait pas son retour. « Je ne peux pas le croire ! Attends, je m'assois et j'allume une nouvelle clope », lui entend-il dire. Il l'arrête net : il ne peut pas parler maintenant. Il lui demande de lui donner son numéro de téléphone. « Pas question : à présent que tu es là, à l'autre bout du fil, tu vas m'écouter. » Il lui promet de le rappeler dès qu'il aura fini. « Ne fais pas le con. » Lui a-t-il déjà quelquefois menti ? Un silence se produit sur la ligne. « Non. » Il lui jure qu'il va le rappeler. « Bon, note », dit l'autre, et il exhale une bouffée de fumée qui siffle comme une tempête résignée. Un par un, il écoute, répète et laisse tomber les chiffres dans l'oubli. Puis il raccroche.

Il ne le rappelle pas, bien entendu. Il passe les deux heures qui suivent assis sur le brancard d'un box d'hôpital, occupé d'une part à ne surtout pas regarder les trois points avec lesquels le médecin de garde, une femme qui en profite pour vanter la supériorité des chats sur les chiens, raccommode le cadeau de Curtius, et d'autre part à reprocher à Eva que le fait d'avoir presque perdu sa main et bien failli contracter la rage n'ait pas suffi à l'empêcher de le forcer à répondre à un vieux copain de lycée. Mais, dans une situation normale, l'autre ne l'aurait jamais appelé non plus. De fait, les deux ou trois fois où Monti l'a contacté au téléphone ces vingt dernières années, il ne saignait pas alors d'une main, la première fois il n'avait pas de chien non plus mais un chat asthmatique, puis les autres fois un couple de tortues qui passaient tout l'été à forniquer, et sur les deux femmes dont il partageait la vie au moment où il a reçu les appels, l'une ne savait même pas comment faire pour soulager un simple mal de tête et l'autre était incapable de s'occuper de plusieurs choses à la fois – cuisiner en écoutant de la musique, par exemple – sans se désespérer, et même si à l'époque il a parlé à Monti et accepté sans rouspéter, y compris avec une certaine émotion, la mise à jour sommaire que l'autre lui proposait en dix minutes de conversation téléphonique, et qu'il a aussi pris la peine de lui demander son numéro de téléphone et de le noter scrupuleusement, en écrivant entre parenthèses son nom et en le soulignant avec une telle véhémence qu'il finissait par déchirer le papier, en réalité il ne l'a jamais rappelé. Il ne voit pas très bien pourquoi il l'aurait fait. Il perçoit chez l'autre une espèce de dévotion aveugle, tournée vers le passé, intacte, que lui ne ressent pas du tout et qu'il ne saurait donc partager, et il craint surtout que le fait de le rappeler ne l'enferme dans cette espèce d'enfer subtil de culpabilité et de tristesse que représentent les rapports dépourvus de toute réciprocité.

Et en même temps il y a quelque chose qui ne manque pas de le déconcerter : les rares fois où le hasard les a fait se croiser en vingt ans, que la scène change de décor, d'heure ou d'atmosphère, la logique qui s'ensuit est toujours identique : tous les deux s'aperçoivent, puis il sourit et prononce son nom à haute voix – avec le ton à la fois martial et comique de quelque comédien de télévision dont ils sont chacun fanatiques et qui retentit sèchement à la façon d'un mot de passe – tout en se dirigeant vers lui pour tomber dans les bras l'un de l'autre, mais à mesure qu'il s'approche, il remarque l'air gêné et plutôt contrarié de Monti, et il comprend alors que celui-ci ne se souvient pas du tout de lui. Il ne le reconnaît pas. Pour quelque étrange raison, c'est une chose dont il ne parvient jamais à se remettre tout à fait. Il ne comprend tout simplement pas ce qui se passe. S'il met bout à bout, pour ne former qu'une seule séquence, tout ce qu'il sait de Monti à partir de leurs quatre rencontres dues au hasard, quatre en quinze ans, le constat qu'il en tire est celui d'une existence au comble de l'imprévisibilité. Lors de la première rencontre, qui a lieu dans un de ces restaurants qui se disent romantiques et semblent avoir été conçus pour les aveugles, Monti, toujours avec sa vieille coupe afro intacte, importe du café de Côte d'Ivoire, il est accro à la cocaïne et ensorcelé par ce qu'il appelle, entre deux rails de drogue qu'il étire sur le couvercle de la cuvette des toilettes et qu'il sniffe sans inviter personne, la tendresse, le compagnonnage et la rapidité mentale de sa nouvelle fiancée, un ancien mannequin qui se construit une célébrité en s'habillant avec des pantalons deux tailles en dessous de la sienne, et il s'entraîne quatre fois par semaine en vue d'intégrer, à presque trente ans, la première division de l'équipe de rugby où il avait l'habitude de jouer lorsqu'il en avait quatorze. Lors de la deuxième rencontre, trois ans plus tard, dans le bar d'une station de lavage pour automobiles, Monti pèse vingt kilos de plus, il porte des lunettes et tente de domestiquer ses cheveux avec des couches et des couches d'une laque qui sent le chewing-gum au raisin, il habite avec sa mère, sa sœur et deux chiens dans l'appartement où il est né et travaille comme chauffeur de taxi, malgré une licence périmée depuis bientôt huit mois. Lors de la troisième, sept ans plus tard, alors que sa grosse touffe de frisettes se remet d'une récente tonsure sauvage, qu'il s'est probablement infligée lui-même, Monti vend des coupons de toile dans le quartier de Once avec ses frères – les mêmes qu'il a envoyés au tribunal dix ans auparavant pour une affaire de détournement d'argent dans un négoce d'importation de café – et cette fois il est maigre comme un clou : il vient tout juste de rompre avec une fiancée très jeune, il suit un régime macrobiotique strict et il est revenu à son seul et vrai grand amour d'adolescence : le disque *Crime of the Century* du groupe Supertramp. Lors de leur dernière rencontre, six ans plus tard, il le découvre coiffé d'un faux panama, de profil devant la gondole des produits surgelés d'un supermarché, en train de balayer le rebord des étagères avec son gros ventre majestueux et de remplir un chariot de boîtes de pizza. Il vit dans une villa à deux niveaux dans le quartier de Villa Devoto, il a obtenu la franchise d'une marque de vêtements de sport, il a beaucoup de dettes et un taux de cholestérol phénoménal, mais « il faut bien mourir de quelque chose », explique-t-il.

Il n'arrête pas de changer ! Ce pourrait même être un imposteur, un imposteur professionnel, un de ces farceurs compulsifs qui disparaissent périodiquement et entament une nouvelle vie – avec un nouveau nom, une nouvelle coupe de cheveux, une nouvelle façon de s'habiller, un nouveau travail, une nouvelle femme, de nouveaux amis, un nouveau passeport et un nouveau passé – à quelque trente mètres de l'endroit où pleurent encore sur leurs cendres leur épouse, leur passé, leur travail, leurs amis et leur nom qu'un beau matin de lucidité ou de folie, confortés par un signe quelconque – la perte du trousseau de clés, une confusion de noms, le nouveau profil, avec moustaches, nez aquilin et lunettes, que le soleil lui prophétise sur le dessus-de-lit par une matinée de clairvoyance –, ils ont décidé de jeter pour toujours aux oubliettes. Cependant, il aura beau faire, lui le reconnaîtra toujours. Il ne peut pas le tromper. Il est capable de repérer tous les postiches ridicules de son ami en un clin d'œil et de les balayer du revers de la main pour atteindre en une seconde – pour l'atteindre et le toucher – le cœur, le dur à cuire qu'ils tentaient de cacher. Il ne peut pas le tromper. Mais lui, en revanche, qui non seulement n'utilise pas mais dédaigne ce genre d'accessoire ; lui, qui pendant vingt ans pense n'avoir fait qu'une seule chose : persister, approfondir, se donner à fond avec son être propre, indifférent au fait, par ailleurs incontestable, que s'il continue ainsi, tôt ou tard il finira par épuiser les réserves d'identité qui lui restent, comment est-il possible que la première chose qu'il provoque chez Monti – qu'il s'acharne à appeler son meilleur ami même s'il ne l'a pas vu depuis des années, même si ses meilleurs amis sont de toute évidence d'autres personnes – soit une attitude de méfiance et non de sympathie, la distance du calcul et non un courant spontané de complicité, le genre d'angoisse civilisée que provoquent les déséquilibrés lorsqu'ils abordent un inconnu dans la rue et non l'assurance de ce bouillonnement intime, sans défense, toujours prêt à donner asile à deux amis qui ne se sont pas vus depuis des années ? Cela se manifeste de façon très fugace, c'est une fraction de seconde d'hésitation, que quelqu'un de moins sensible que lui, ou de plus distrait, pourrait ne pas percevoir, pardonner, mettre sur le compte de la surprise que provoque le passé lorsqu'il revient, et que Monti se charge personnellement d'effacer lorsque, presque immédiatement, il se rend compte qu'il connaît ce fantôme souriant qui avance vers lui et balaie tout soupçon d'appréhension avec le torrent de joie débridée – double à présent vu l'affront qu'il comprend devoir réparer – que lui arrachent les retrouvailles.

Apparemment l'attitude de Monti est toujours due aux cheveux. C'est en tout cas ce qu'il prétend quand, en s'écartant trop tôt de ses bras, un peu ennuyé par le manque de coordination qui vient d'avoir lieu, il examine son ami bien en face, de très près, en lui attrapant les bras pour qu'il ne continue pas à reculer, et que soudain, foudroyé par un éclair de lucidité, Monti concentre la méfiance, qui un instant plus tôt l'avait protégé de lui, de son apparition, de sa proximité physique, sur ce qui la causait vraiment : sa tête. Il ne reconnaît jamais la tête de son ami. « Mais que t'est-il arrivé ? » « Je ne suis pas de ceux que tu peux tromper, tu sais. » « Tu t'es fait quelque chose. » « Ou alors tu es en train de devenir chauve. » « Tu t'es fait poser des implants ? » « Tu les as fait retirer ? » « Mais tu étais blond, toi, n'est-ce pas ? » « Tu avais bien les cheveux raides ? » « Tes cheveux étaient bien courts derrière et longs devant ? » Il ne répond jamais, ou alors il lâche des généralités dissuasives qui s'évaporent dans l'écume impatiente de la conversation.

Mais à présent quel dommage que… S'ils se rencontraient à présent, lui – avec sa main recousue, son estomac bourré d'antibiotiques, ses vacances et sa vie amoureuse menacées par un *cocker spaniel* souffrant de problèmes d'autorité – n'aurait besoin de rien inventer. Il pourrait dire la vérité. Il dirait à Monti qu'il a raison, qu'il vient tout juste de se faire couper les cheveux, que Celso est un génie. Il dirait pour la première fois à son meilleur ami – dont il jurerait qu'il a toujours menti, qu'il avait recours à l'argument de ses cheveux pour justifier le long moment mis à le reconnaître – qu'il a raison : que tout est toujours dû aux cheveux. Ce sera pour la prochaine fois – comme tant d'autres choses, tant de phrases, de décisions, d'expériences, d'amours, de voyages, de lieux où habiter, de vies entières qu'il désire à un certain moment, dont il rêve ou qu'il considère simplement avec attention, avec suffisamment d'attention pour que tout d'un coup, aussi exotiques ou tirées par les cheveux qu'elles semblent, elles deviennent possibles et lui fassent croire qu'elles sont tout à fait à sa portée. Il prend sa décision au moment même où il décide de ne pas noter le numéro que son ami lui donne au téléphone. Plus tard, lorsque lui vient le désir de l'appeler, moins par intérêt que par culpabilité, et pour ne pas lui donner rétroactivement raison, car Monti avait bien imaginé qu'il ne le rappellerait pas, il se souvient qu'il n'a pas son numéro. Ensuite, finalement, il oublie. Il oublie tout, complètement, et l'incident, tel qu'il a eu lieu, pourrait très bien ne s'être jamais produit.

Un après-midi, en vérifiant son agenda, il trouve le nom CELSO écrit en majuscules verticales et dégoulinant le long de la colonne du mercredi : la lettre C démarre à neuf heures du matin ; et la lettre O, artificiellement étirée pour occuper un maximum d'espace, se dilate en un ovale grotesque et s'achève à hauteur de dix heures du soir. Le mois prévu est sur le point de s'être écoulé. Il entre dans une crise un peu absurde.

La coupe est toujours bien, respectable, étonnamment vigoureuse, vu le temps qui a passé : toutes les surprises et les contrariétés qui auraient pu la détruire, qui de fait, tôt ou tard, ont fini par détruire toutes les coupes qui l'ont précédée, depuis qu'il a atteint l'âge de raison, cette fois, « récupérées » d'une certaine façon par l'instinct prévoyant de Celso, semblent s'être laissé amadouer, s'être pliées à l'autorité de la coupe, comme des agents secrets qu'un pot-de-vin ou une révélation font changer de camp. Il croit à présent comprendre ce que signifie une coupe : ce n'est pas exactement une interruption, une action qui limite, met un frein à un désordre et clôt d'une certaine façon un passé, mais c'est plutôt un bond en avant, un calcul dans le vide, une espèce de vision qui voit un horizon et hallucine une direction, invisibles pour tout le monde sauf pour soi-même. Il est tellement en accord avec ses cheveux qu'il n'a déjà plus besoin de les regarder. Il lui suffit de les pressentir, de se représenter leur forme générale, la forme que peu à peu il a adoptée et inventée selon la ligne de points tracée par les ciseaux de Celso, pour sentir leur effet bienfaiteur. Il peut avoir confiance. Ses cheveux ne sont plus le monstre protéique et traître qui l'émerveille le soir pour le démoraliser le matin suivant. Mais alors que va-t-il faire ? Respecter le délai ou passer outre ? Si Celso a réussi sa coupe, et s'il a surtout réussi à faire que la coupe persiste dans le temps, pourquoi se serait-il donc trompé sur le délai qu'il a fixé à sa propre œuvre ?

Il décide d'attendre que ce dernier expire et de voir. Le trente et un, il se réveille, se cherche dans le miroir à travers le voile de ses yeux chassieux et l'après-midi même, à la première heure, avec une telle précipitation qu'il ne se donne même pas la peine de vérifier s'il ne s'agit pas du jour de congé de Celso, voilà qu il pénètre dans le salon de coiffure. Il ne pourrait pas dire ce qu'il voit sur son visage ce matin-là. Rien de bien frappant, en tout cas ; sans aucun doute pas l'embourgeoisement, la satisfaction blasée, la désagréable allure autocomplaisante qu'à ce moment-là, lorsque cela n'a pas lieu plus tôt, ont l'habitude d'exhiber les coupes de cheveux ordinaires lorsque le temps a passé. Il perçoit une tendance – c'est ainsi qu'il appelle, par ailleurs, tout ce qu'il est incapable de nommer et de décrire et qui se manifeste par une perte de forme pas du tout gratuite, à l'intérieur de laquelle quelque chose semble être en train de couver –, une certaine direction, encore imprécise, dont il jurerait cependant qu'elle n'était pas dans l'esprit de Celso au moment où il lui a coupé les cheveux. Il s'agit d'une anomalie ; trop tôt pour juger si elle est bonne ou mauvaise. Mais c'est le signal – si on y ajoute la cicatrisation de sa blessure à la main, qui ces derniers jours a allègrement entamé sa dernière ligne droite – qu'il a attendu pour résoudre le dilemme que lui posait le respect ou non du délai. De fait, lorsqu'ils se saluent, Celso et lui, cet après-midi, cette fois en s'embrassant, en se frôlant les os du visage plutôt qu'en se frôlant la peau avec les lèvres, comme le font les hommes qui se veulent particulièrement virils, et que Celso avec son regard pénétrant de professionnel étudie sa tête en ruminant son diagnostic, lui se contente de déclarer : « Étant donné qu'hier ça a fait trente jours… » « On les maintient comme ça, alors ? Pareil ? » demande Celso, et le voilà déjà en train de lui ratisser les cheveux avec ses doigts tout boudinés, d'ouvrir des clairières, de mesurer des mèches, comme s'il cherchait quelque chose de primordial, un bijou, une clé qu'il aurait perdue dans un jardin sauvage. « Pareil, oui », répond-il.

Mais « maintenir », est-ce vraiment le mot juste ? Les veut-il réellement « pareil » ? À quel genre de « pareil » peuvent prétendre ses cheveux après que trente jours se sont écoulés ? Et si en les « maintenant pareil » il se privait de mille autres possibilités, bien plus inspirées ? Que cherche-t-il vraiment : à renouveler un miracle connu ou à en expérimenter un nouveau ? Il aurait bien des choses à demander, mais il préfère se la boucler. Ils ne parlent pas autant cette fois, mais lui ne considère pas la chose comme un signe de tension, au contraire c'est plutôt un signe de confiance. Il pense – car il se souvient de l'avoir entendu dire quelque part, bien que cela ne concerne pas le couple coiffeur-client mais celui de deux écrivains importants, très amis l'un de l'autre, appartenant à une classe sociale qui vénère avant tout la pudeur – que seule une profonde intimité autorise deux hommes à s'abandonner au silence. De plus, il n'est pas venu là pour discuter mais pour se laisser enivrer par les claquements infrasoniques des coups de ciseaux de Celso, qu'à présent son ouïe semble avoir appris à repérer. Il sent une bouffée d'orgueil l'envahir, comme si sa possibilité de percevoir des subtilités avait opéré en l'espace d'un mois une progression que les oreilles les plus sensibles auraient mis une bonne année à réaliser. Voilà, pense-t-il, c'est cette fréquence de sons inaudibles dans le monde ordinaire : c'est ce langage qu'il parle avec Celso.

Malgré tout, il puise dans le fouillis des souvenirs de la fois précédente pour lui demander des nouvelles du Paraguay, moins pour remplir un vide, que d'ailleurs il ne ressent pas, que pour avoir l'occasion de raconter à son tour une anecdote vécue qui aujourd'hui encore, comme s'il n'était pas tout à fait persuadé qu'il ne s'agit pas d'un rêve, l'étonne au plus haut point : les cinq jours qu'il a passés il y a quelques années dans un hôtel d'Asunción, et qui sont sans doute les cinq journées les plus étranges qu'il ait eu l'occasion de vivre. Mais il ne parvient pas à raconter quoi que ce soit ; il n'a même pas l'occasion de commencer à le faire, car Celso revient déjà à la charge avec ses parents coiffeurs, sa fausse vie d'étudiant en tourisme à Rio de Janeiro, ses nuits de bringue à Copacabana, ses camarades de l'école de coiffure et sa carrière fulgurante à Buenos Aires : stagiaire chez *Stilo Stella*, couleur et fer chez *Fashination*, second styliste chez *Coca Peinados*, *brusher* chez *Men*, premier styliste chez *Voilà* et *Vivian de Lyon*… Il y a quelque chose de mécanique dans sa voix, et ce n'est pas seulement la répétition, ou le soin prudent avec lequel il parle une langue qui n'est pas tout à fait la sienne. Il le regarde discrètement dans le miroir, en faisant semblant de contrôler l'avancée de la coupe sur les tempes, sur les côtés de la nuque. Il ne fait pas chaud, mais Celso a le visage tendu et luisant, comme couvert de cire, et il transpire sans s'en apercevoir, et à un moment où il attaque un nouvel endroit, prêt à arranger la courbe de cheveux qui borde la base de l'oreille droite, lui sent la goutte de sueur qui une seconde auparavant dégoulinait sur sa joue s'écraser sur son avant-bras avec un bruit sourd, imprimant une sorte de rougeur qui met du temps à se dissiper tout à fait. Un peu plus tard, alors que Celso, sur un ton fatigué, reprend à nouveau le tableau comparatif et impartial dans lequel il range les portègnes et les cariocas, les habitants de Buenos Aires et ceux de Rio, il trouve évidente, et même sans importance, la façon dont se comporte le coiffeur, alors que, dans d'autres circonstances, celle-ci l'aurait probablement mis hors de lui : il comprend qu'en réalité Celso ne se souvient pas du tout de lui. S'il arrive à répondre à ses questions, s'il parvient à attraper au vol le contexte du dialogue qu'on lui propose et s'il s'efforce même d'enchaîner et de soutenir avec une certaine vraisemblance un simulacre de conversation, en réalité il ne se souvient pas de l'avoir déjà vu quelque part. Pour lui, il est en train de lui couper les cheveux pour la première fois. Mais il se comporte de façon aussi professionnelle que la vraie première fois, il est également bien plus rapide, peut-être parce que contrairement à la première fois, à présent il foule un champ qu'il a déjà foulé et que ses ciseaux ont fertilisé en préparant l'avenir. Il n'y a ni interruptions ni contretemps, sauf peut-être à deux moments bizarres, un moment au cours duquel une des shampouineuses fait le tour du salon avec un carnet et un stylo à la main, pour noter ce que chaque coiffeur désire pour son déjeuner ; et lorsqu'elle arrive au poste de Celso, qui est déjà prêt à faire sa demande, elle se concentre soudain sur son carnet – une erreur de salades, semble-t-il, qui mettrait en péril l'ensemble de la commande –, pousse un petit cri d'alarme et passe au suivant en secouant sa queue-de-cheval ; puis, un peu plus tard, un autre moment, où il s'aperçoit que le coiffeur pense soudain à autre chose en fronçant les sourcils, et sans cesser de lui couper les cheveux, juste en se contentant de se maîtriser, de ralentir le mouvement des doigts, dirige toute l'attention qu'il portait à sa coupe de cheveux vers ce qui est en train de se passer un peu plus loin, et qu'il pense être – car à peine entend-on le *bip* d'un combiné qu'on raccroche, Celso reprend son rythme normal, de colibri – la conversation qu'avait engagée le patron du salon de coiffure au téléphone.

Parfait, à nouveau. « Pareil ! » Ce qu'il a fait n'est pas exactement se refaire couper les cheveux. Il s'est assis dans le fauteuil d'une machine à remonter le temps et lorsqu'il s'est réveillé il se retrouve un mois et un jour plus tôt, alors qu'un Paraguayen venait d'accomplir un miracle avec sa tête. Mais lui, qui est le voyageur, sait que si le miracle est vraiment un miracle, c'est parce qu'il s'agit de la seconde fois. La seconde fois consécutive – ce qui prouve qu'il n'y a jamais eu de hasard. Il se met debout. Celso, de dos, secoue le peignoir de plastique dans les airs. Lui observe la neige blonde de ses cheveux en train de tomber. Il ne sait que dire. Il est tellement désarmé par son bonheur qu'il n'a même pas la force de s'approcher du miroir et de simuler cet ultime examen, sévère, menaçant, grâce auquel il entendait éviter un mois auparavant que Celso ne s'endorme sur ses lauriers. Lorsqu'ils se disent au revoir – nouveau frôlement des pommettes –, Celso lui glisse une carte de visite dans la main. « Vous m'en avez déjà donné une », dit-il, sans le regarder, et en regrettant immédiatement son intervention, comme s'il craignait de le froisser ou que l'autre se dise qu'on le traite d'étourdi. Mais Celso ne l'écoute pas ; il lui serre la main où il a glissé la carte de visite avec ses deux mains à lui, comme s'il l'abritait, dans une espèce de second au revoir maladroit, puis il fait demi-tour et commence à nettoyer le champ de bataille avec la balayette.

Le soir même, il se souvient brusquement de la carte de visite, un peu tard cependant, il est déjà au lit en train de regarder à la télévision un documentaire retraçant la vie d'Elvis Presley, comme d'habitude hérité d'Eva qui ne le regarde pas jusqu'au bout. Avant de se laisser aller au sommeil, saisi d'un dernier accès d'enthousiasme, il s'empare de la télécommande et entreprend une de ces *tournées** généralement stériles, désespérées dès le départ, à la recherche du gag, du cristal de la nostalgie, du réducteur de taille, du fugace festin pornographique qui leur permettra, à Eva et lui, de prendre congé de cette journée avec une véritable satisfaction. Soudain, tandis qu'ils se laissent bercer par le vertige de ce carrousel d'images sans son, elle pointe un doigt somnambulique en direction du téléviseur et s'exclame : « Là. » « Là », c'est la chemise boléro bleue, les pantalons clairs à carreaux, les jambes convulsives d'Elvis, qui ouvre gigantesquement la bouche comme s'il allait dévorer le micro. Eva lui dit : « Là », pose sa tête sur sa poitrine, devant le téléviseur, et s'endort sur-le-champ. Si cela ne dépendait que de lui, il changerait d'émission, reviendrait – s'il se souvenait de la chaîne où il les a vus – à ces plans qui montrent une prison, des cadavres cachés sous des couvertures, des visages cagoulés, des drapeaux avec des slogans politiques. Mais il est trop occupé à ne pas éternuer – quelque chose lui chatouille le nez, les cheveux d'Eva ou l'électricité statique qui passe entre les cheveux d'Eva et ses lèvres –, et il sent que le fait d'avoir résisté au sommeil quelques minutes de plus l'engage à présent à rester éveillé telle une sentinelle, pour protéger la dernière volonté d'Eva, son « Là », et à veiller à ce qu'elle se réalise. Cinq minutes plus tard, à force de souffler, il a réussi à neutraliser le chatouillement et il est tombé dans les filets de la vie d'Elvis. Il ne pense qu'à la façon de libérer sa poitrine de cette tête qui ronfle et l'oblige à se contorsionner pour suivre les images sur le téléviseur. Il reste pour Elvis, oui, mais ce n'est pas lui, en réalité, qui le captive. C'est le coiffeur de vingt-quatre ans qui un après-midi de 1964, d'après ce qu'il apprend à ce moment-là, retient le King enfermé pendant deux heures dans la salle de bains de Graceland, la villa de Perugia Way, à Bel Air, et lui lave littéralement le cerveau. Larry Geller. Cet homme transforme la vie du chanteur à jamais. Il monte le son. « Geller lui ouvre les portes de la théologie. Hindouisme, bouddhisme, christianisme, végétarisme, self-control… » Quelque temps plus tard, semble-t-il, Elvis l'engage comme conseiller à temps complet. Il ne l'appelle pas mon coiffeur mais mon gourou. À part le Colonel, son légendaire impresario, personne dans l'entourage de Presley n'a autant d'influence que lui. Pour Elvis, Geller renonce à Peter Sellers, à Steve McQueen, à Paul Newman, à tout son carnet d'adresses de clients. Il lui coupera les cheveux le restant de sa vie ; et pour la dernière fois, au matin du 16 août 1977, le jour de son décès. « En l'espace d'un an, Elvis dévore une bibliographie de plus de cent titres consacrés à tous les courants religieux, à la recherche d'une réponse à ces questions qui chagrinent les êtres humains : qui sommes-nous ? d'où venons-nous ? Mais surtout... Pourquoi est-ce *moi* qui ai été élu ? » Un jour, en voyageant ensemble à travers le Nouveau-Mexique, Elvis s'en prend à Larry : il a passé une année entière à étudier et Dieu ne lui a pas fourni la moindre réponse concrète. « Tu dois laisser ton ego de côté pour lui permettre de pénétrer en toi, lui dit Geller. Oublie donc les livres, la connaissance et fais le vide afin que Dieu puisse pénétrer au fond de toi. » Elvis ronge son frein et continue à conduire en silence à travers le désert. Tout à coup, il a l'impression de voir Staline qui se profile dans un nuage. Il arrête la voiture, saute sur le capot et hurle hors de lui : « Pourquoi Staline ? Que fait Staline là-haut ? » Immédiatement après le visage de Staline se transforme en visage du Christ. C'est la première rencontre d'Elvis avec Dieu. « Que penseraient mes fans s'ils me voyaient en ce moment ? » demande-t-il à son coiffeur gourou avec des larmes plein les yeux. « Ils ne t'en aimeraient que davantage », répond Geller. « J'espère bien », dit le King, et il sort son mouchoir. C'est « là », à cet instant précis de la vie d'Elvis, qu'il repense à Celso et à sa carte de visite. Il allonge son bras resté libre et vivant – il y a bien longtemps que l'autre bras, écrasé par le corps d'Eva, ne lui appartient plus –, et après avoir plongé sa main dans la poche de son pantalon suspendu au dossier de la chaise saisit son butin entre deux doigts. La même carte de visite, le même logo, le même jour de congé. À part que la main fébrile du coiffeur a noté le numéro de son téléphone portable, au verso.

Il ne la range même pas. Il la laisse traîner toute la nuit sur la table de chevet, glissée entre deux piles de livres sur la tranche, et au matin il ne pense plus à elle, et le soir il l'utilise pour poser sa tasse à café (qui y imprime un sceau marron trop grand de trois tailles), et deux jours plus tard, tachée de cendre et de vin, les coins racornis parce que quelqu'un de la maison, pas lui en tout cas, a découvert combien elle était utile pour se nettoyer les ongles, elle fait déjà partie de cet autel modeste, hospitalier, où il thésaurise ses avoirs les plus personnels : sa collection d'oublis nocturnes. Une semaine plus tard, la carte de visite connaît une fugace résurrection. En cherchant sa montre que, pour on ne sait quelle raison, elle pense toujours avoir égarée parmi ses choses à lui, Eva fouille parmi les livres de la table de chevet et lorsqu'elle en ouvre un à l'envers, comme si elle soupçonnait son mari d'utiliser la montre comme marque-page, elle voit tomber la carte de visite, qui s'abat sur le sol, et après avoir jeté un coup d'œil sur le numéro de téléphone noté à la main, à toute vitesse car un taxi est en train de l'attendre en bas depuis dix minutes, elle lui demande tout en se ruant vers la porte jusqu'où il pense pousser sa relation avec son coiffeur paraguayen. Une légère gêne ne le lâche plus durant deux ou trois jours. Ce n'est pas qu'il ait présentes à l'esprit la carte de visite ni les insinuations de sa femme. Mais quoi qu'il en soit, et vaille que vaille, il a la désagréable impression qu'il est en train de négliger quelque chose, un engagement qu'il n'honore pas, une sollicitation qu'il semble ne pas entendre. Ensuite, c'est l'oubli total. Jusqu'à ce que, un mois plus tard, une page de son agenda calquée sur celle du mois précédent lui rappelle que sa coupe de cheveux est sur le point d'atteindre la date de péremption. En réalité, il voit le nom CELSO écrit en majuscules dégoulinant entre huit heures et dix heures d'un mardi et il se rappelle tout à coup qu'il possède des cheveux. Il l'avait complètement oublié jusqu'ici. Il a vécu un mois sans penser une seule fois à ses cheveux. Peut-être pourrait-il désormais vivre sans se les faire couper.

Est-ce possible ? Il n'est plus seulement heureux. En réalité, tout bien réfléchi, et il n'y a pas dans son souvenir tellement de moments où il se soit senti dans de telles dispositions pour bien réfléchir, le bonheur lui semble être une stupidité, une espèce d'archaïsme superflu, honteusement personnel, comme les garnitures en cuir d'une voiture, les stylos plumes, les seaux à glace pour refroidir les bouteilles de vin blanc. À présent, il n'est pas heureux : il est libre. Et ce qui l'étonne le plus ce n'est pas vraiment le soulagement, la vitalité, la disponibilité générale qu'il ressent au bout d'un mois sans avoir pensé ne serait-ce qu'une seule fois à ses cheveux, mais c'est le fait qu'il doive sa liberté, s'il a réellement été libéré, ce qui reste encore à démontrer, à un coiffeur, son coiffeur paraguayen. Brusquement, la loi de l'homéopathie lui revient en mémoire, *similia similibus curantur*, « les semblables sont guéris par les semblables », dont le brouillon de sa traduction personnelle, réalisée avec les languides restes subsistant de cinq années de latin à l'université à une époque – en pleine terreur militaire – où les langues mortes, même enseignées par ceux qui les enseignent, des morts-vivants vociférant comme des sénateurs romains et adoptant des poses de statuaire ancienne, sont de loin, car toutes les autres ont été littéralement détruites, les matières les plus vivantes du programme d'études, donne quelque chose du genre : « Les affaires de cheveux sont guéries par les affaires de cheveux. » La question est la suivante : pourquoi lui ? Pourquoi le miracle lui arrive-t-il à lui ? Pourquoi pas à un de ces deux ou trois acteurs de cinéma, de théâtre ou de télévision dont il suit de très près la carrière, pas parce qu'il s'intéresse aux personnages qu'ils interprètent ou aux projets auxquels ils participent, qui sont en général dénués de tout intérêt, mais parce qu'ils incarnent avec une dimension publique, et même de masse, ce qui est et a toujours été chez lui un drame intime, muet, le drame qui consiste à être victime de ses cheveux ? Ils sont célèbres. Ils ont fait du théâtre de base dans des bidonvilles, du cinéma engagé, *Galileo Galilei*, ils ont récité des textes de Cardenal et de Mario Benedetti, voyagé dans le monde entier, gagné des prix, reçu des honneurs et les clés de plusieurs villes. Mais les cheveux ne les laissent jamais en paix. À chaque étape de ces enviables carrières, sur les podiums et même au lit, dans des salles pleines et dans des cabines d'avion de première classe, en train de répéter Pinter ou de s'acheter des vêtements de marque, au sommet de la vague du succès ou dans les eaux profondes de l'art, tous, toujours, trébuchent à un certain moment sur la question qui les obsède depuis que le monde est monde : qu'est-ce que je vais faire de ces putains de cheveux ? Car chez eux tout est parfait, sauf les cheveux. Ils sont galants – les cheveux les enlaidissent. Ils sont sérieux – les cheveux les ridiculisent. Ils sont jeunes – les cheveux les vieillissent. Ils ne parviennent absolument pas à contrôler leurs cheveux. Ils ont tout essayé : le laisser-aller, le naturel, la prudence, la coupe extrême, la tendance à la mode, la gomina, la tondeuse, les bigoudis, la fausse calvitie, le rasage, l'humour, la franchise, la mise en scène, la teinture, le fer, le peigne, les doigts, les épingles, le filet, le lissage à chaud... En voici un qui commence très jeune à faire l'acteur et bientôt, rendu à l'évidence qu'il ne sera jamais capable de monter sur les planches, il fait sa valise et du jour au lendemain émigre dans le monde du rock, il se laisse alors pousser de grosses mèches blondes et, à force de les secouer sur scène et de flûter sa voix, devient pendant plusieurs années leader d'un groupe de *metal* qui bat des records de vente, puis soudain le voilà qui disparaît, qui disparaît littéralement, comme avalé par la terre, pour ressusciter quelques années plus tard à la télévision, à pas d'heure, au milieu de la nuit, pour apporter un témoignage extrêmement émouvant, en tout cas le seul vrai témoignage, au cours d'une de ces émissions pseudo-médicales faisant la promotion de nouvelles méthodes d'implants capillaires, cheveu par cheveu. De telle façon qu'ils se résignent. Devenus des hommes mûrs, la volatile mélanine fait le reste : leur tête devient toute blanche, ils endurent de façon affligée mais sans protester l'aspérité de leurs cheveux qui se dévitalisent jour après jour, puis ils adoptent progressivement une allure inanimée de mannequin talqué. Ils acquièrent des attitudes fragiles, des affectations des coquetteries clownesques. Ils deviennent lascifs, frénétiques, voluptueux, comme ces vieux marquis qui dansent en s'appuyant sur leur canne dans les grands salons du dix-huitième siècle. Casanova, Valmont, le monstrueux Dolmancé... La décadence du corps est une chose atroce, mais aucune de ses régions – ni la peau, qui se couvre de taches et devient toute sèche ; ni les pieds avec ses cors, ses déformations osseuses, ses ongles jaunis ; ni la bouche, avec la puanteur de ses molaires pourries et le tréfonds de ses effluves stomacaux – ne se dégrade aussi rapidement que les cheveux.

À présent, il sait qu'il ne finira pas comme eux. Il ne mourra pas écrasé sous le poids de ces perruques tristes, cendrées, insupportablement chaudes. Il prenait le même chemin qu'eux, un pas de plus et il tombait au fond de l'abîme. Il s'est arrêté à temps. Mais dans l'ensemble de l'événement que constitue la libération, il ne représente qu'un seul élément : le libéré. Et il doit tout à Celso. Soudain il le voit comme une espèce d'ange, un de ces dieux providentiels, d'ordre mineur mais enthousiastes, joviaux, très travailleurs, qu'un certain tirage au sort céleste destine à redresser le sort des imbéciles qui souffrent sur la terre. Il lui semble que seule cette condition divine peut expliquer le paradoxe de sa fonction. Un coiffeur peut-il exercer son art avec une telle perfection que ni lui-même ni son art ne soient désormais plus nécessaires ? Ou alors il le considère comme un agent double, une espèce d'agent double suicidaire : une pièce du système qui au moment de le libérer détruit le système lui-même. En tout cas la question est la suivante : reverra-t-il jamais Celso ? Reviendra-t-il vers le coiffeur à présent qu'il peut se passer de lui et l'oublier, à présent que ses cheveux ont cessé d'être un problème ?

Il se sent si puissant et si aérien qu'il se laisse soudain aller. Il perd un peu la notion du temps, il s'éloigne sans y prendre garde de l'unité de mesure mensuelle qu'il croyait avoir adoptée. Les jours passent. Et il se serait probablement désintéressé de cette affaire si un soir, en attendant Eva dans un bar, il n'avait pas lu dans un journal du matin, volé sur une table voisine, l'histoire des enchères publiques de la mèche de cheveu de Che Guevara que le Cubain Gustavo Villoldo, ex-agent de la CIA, avait coupée au combattant révolutionnaire et rangée dans une de ses poches avant d'enterrer le cadavre dans les environs de Villagrande. La mèche est la pièce maîtresse de tout un lot d'objets composé de photos, de cartes concernant la mission de capture du Che en Bolivie, en octobre 1967, du texte d'un message intercepté qui a permis de localiser le groupe et des empreintes digitales du guérillero. Un libraire de Houston, Bill Butler, a proposé cent dix-neuf mille cinq cents dollars pour le tout, bien moins que n'espérait recueillir l'étude du commissaire-priseur. Une photo du quotidien montre la pièce en question : une longue mèche, bouclée en forme de numéro neuf couché. On dirait un bout de ficelle tout sec que le temps – et le tiroir peu aéré du bureau du département de Miami où l'a thésaurisé ce moins que rien de Villoldo – a détressée en plusieurs filaments pailleux et fanés. En l'examinant bien, ou mal, c'est selon, ce pourrait tout à fait être un reste de coiffure teinte, ou décolorée à l'eau oxygénée. Et tandis qu'il se demande quelle a bien pu être la cote de la mèche toute seule, sans le reste du lot, combien de ces presque cent vingt mille dollars ont servi à acheter exclusivement les cheveux, et ensuite, en digressant, combien lui-même aurait accepté de payer pour acquérir cette relique, ou plutôt à combien il l'aurait estimée, et avec quels critères, en la comparant à quoi, il perçoit à quel point la surprise avec laquelle la femme commissaire-priseur considère le chiffre que Bill Butler propose par téléphone, l'acceptant sur-le-champ d'un fracassant coup de maillet, est semblable à la surprise qui s'est emparée de lui lorsque est venu le moment de régler sa coupe de cheveux, ce fameux après-midi où il a fait la connaissance de Celso. Ce sont deux grandeurs incommensurables. Ou trois, en comptant le jour où sa mère, après avoir passé quarante-huit heures à genoux, les mains enfoncées dans des gants de latex jaunes, à mettre sens dessus dessous l'appartement qu'une série d'affaires peu fructueuses la pousse à vendre, lui remet une vieille enveloppe, petite et carrée. Sur le moment, il espère y découvrir un de ces fossiles classiques habituels : pièce de monnaie ancienne, timbres poste, une lettre jamais envoyée, une photographie, une place de cinéma, une de ces croûtes rupestres avec lesquelles, encore enfant, il tente de convaincre la famille qu'il est appelé à embrasser une brillante carrière artistique. Mais lorsqu'il ouvre l'enveloppe, doublée d'un somptueux papier de soie violet, il trouve une mèche de cheveux très blonds, coupée deux jours après sa naissance. Ils sont si fins et si doux qu'il met un moment à se décider à les toucher, tellement il craint de les réduire en poussière. Il ne sait que penser. Il pourrait se demander ce que recherche sa mère en les lui remettant à présent, alors qu'il a quarante ans bien sonnés et que non seulement elle, qui dans peu de temps va débarquer avec ses os endoloris dans un appartement plus petit qu'un mouchoir de poche, ne prend pas ce changement de façon chagrine mais qu'elle l'appelle de ses vœux, tellement elle est enthousiaste à l'idée de pouvoir, comme elle le dit elle-même, se débarrasser enfin de tant et tant d'années de saletés accumulées. Oui, pourquoi pas ? Les saletés entretiennent un rapport consubstantiel avec les cheveux, beaucoup plus intime que celui qu'elles possèdent avec n'importe quelle autre sécrétion corporelle – y compris la transpiration, l'urine, les rêves et la merde. Y compris les ongles. Y compris les mots. Y compris les millions et les millions de cellules mortes qui tous les matins restent collées aux draps. Mais il observe ce trophée enfantin et cela le dégoûte. Il est écœuré par la condition impeccable des cheveux, par leur invulnérabilité, par leur prodigieuse conservation et leur indifférence historique. Ils ont passé quarante ans en parfait état, immunisés contre toutes les blessures qu'arbore aujourd'hui le corps d'où les a arrachés une infirmière du sanatorium des Collégiales dont tout le monde a oublié le nom.

Mais à peine vingt jours après la date prévue, il se rend dans le salon de coiffure. Aucune raison technique ne justifie sa démarche : les cheveux poussent bien, vigoureux, en toute harmonie, au point que pour la première fois en vingt-cinq ans il songe à nouveau à les avoir longs. Peut-être ne se rend-il au salon de coiffure que pour prendre définitivement congé de Celso. Peut-être également que se couper les cheveux, l'action qui l'a uni à Celso, pourrait être la meilleure façon de sceller leurs adieux. « Qui vous coupe les cheveux, d'habitude ? » lui demande la fille de la réception, la même qui lui avait lavé la tête la première fois. La perle en aluminium ne brille plus sur l'aile de son nez mais sur sa tempe droite, où une auréole rougeâtre annonce une infection imminente. « C'est Celso », dit-il avec un orgueil presque patriotique. « Celso ne travaille plus ici. Quelle heure est-il ? Trois heures vingt. Lino va se libérer à trois heures et demie. Dans dix minutes, à peine : vous pouvez en profiter pour faire le shampoing. Je vous note avec Lino ? »

Il reste muet. Une capsule de glace a explosé quelque part sur sa tête et dégouline en formant un delta de ruisseaux algides. Il tourne les yeux, juste pour empêcher que sa stupéfaction n'envahisse tout autour de lui, en direction de l'endroit où la fille a regardé en disant « Lino » la première fois : un coiffeur jeune, très mince, avec de l'acné et les cheveux coupés en forme de pagode ou de dessert contemporain, qui tourbillonne pieds nus autour de la tête pincée d'épingles d'une femme enceinte en train de bâiller. « Avec Celso, répète-t-il brusquement dans un regain d'espoir, le Paraguayen ». Et il commence à le décrire physiquement, comme si la fille avait pu le confondre avec quelqu'un d'autre. « Oui, oui, dit-elle, mais il a arrêté de travailler il y a quinze jours. » Il ne la croit absolument pas. Il est submergé par le même scandale acharné que ces personnages d'histoires de conspiration, des pères de famille honorables qui retournent sur les lieux où la nuit précédente ils ont été séquestrés, drogués, photographiés à quatre pattes sous les coups de fouet d'une armée de femmes nues et qui à la place du sordide taudis couvert de miroirs qui tourne encore à la vitesse d'une toupie dans leur tête découvrent la lumière triste, les plafonds hauts et fissurés, les employés inoffensifs d'un irréprochable bureau municipal. « Mais vous trouvez ça normal ? se découvre-t-il en train de protester. Il m'a coupé les cheveux il y a seulement un mois et demi ! » « Ça arrive souvent. C'est un métier où les gens tournent beaucoup. Comme les garçons de café, vous voyez ce que je veux dire ? », répond la fille, qui retire la pointe du stylo de la bouche et se balance sur la petite lumière verte du téléphone en train de clignoter : « *Volume 1*, bon après-midi ! »

Celso a été fichu dehors, bien sûr, et de la pire des façons, lui raconte la fille quinze minutes plus tard, dans la rue, alors qu'en descendant refaire des provisions d'eau minérale, elle le retrouve assis, affalé plutôt, sur le bord d'une jardinière en ciment à quelques pas du salon de coiffure, les bras ballants de chaque côté de son corps, et qu'elle a pitié de ses yeux rougis et de ses cheveux tout décoiffés par les tourbillons de vent qui l'ont surpris quand il est sorti du salon. Il a été fichu dehors sans indemnités, sans même qu'on lui règle la quinzaine à laquelle il avait droit, accusé, entre autres choses, d'avoir volé ou détruit une paire de ciseaux Kasho avec un tranchant au laser, une brosse chauffante, un séchoir ionique Gamma Piu, et d'utiliser les infrastructures, le prestige et un carnet de *vouchers* du salon de coiffure pour son profit personnel. Il semblerait que tout soit allé très vite : il arrive au travail le jeudi à onze heures et quart, avec trois quarts d'heure de retard, il s'occupe de deux ou trois clients, quitte le salon à midi et demie en prétextant des démarches à faire au bureau de l'immigration et lorsqu'il revient, trois heures plus tard, il sent l'alcool à n'en plus pouvoir et est accompagné d'un type au crâne rasé qui a un accent étranger et se comporte comme son garde du corps. Darío, le patron de *Volume 1*, le convoque dans son bureau. Et les choses ne tardent pas à se gâter : ils hurlent, on entend des bruits de verre cassé, et puis la porte s'ouvre et Celso sort comme une flèche, comme une vraie furie, il interpelle le type au crâne rasé en lui faisant un signe de gangster et avant de partir – ça personne ne le lui raconte : elle le voit de ses propres yeux –, en guise d'auto-indemnisation, ainsi qu'il prend lui-même la peine de le préciser, il empoche trois grands flacons de régénérateur capillaire à la bave d'escargot qui attendaient d'être inventoriés sur le comptoir de la réception. C'est tout ce qu'elle sait. Il continue à être complètement troublé, les yeux fixant le sol. La fille l'observe comme si elle évaluait sa détresse. Puis elle détourne son regard et, avec la main qui lui a servi à se relever en prenant appui sur son bras, elle redonne un peu de volume à ses cheveux. « Faites-moi confiance : essayez avec Lino. »

Non, il n'a pas l'intention d'essayer, ni avec Lino ni avec personne d'autre. Il pense – c'est la première chose qu'il fait qui mérite d'être appelée ainsi après le *black-out* qui le maintient longtemps hébété assis sur la jardinière – il pense garder ses cheveux ainsi, les conserver dans l'état où ils sont, pour toujours, comme David Hockney, qui à vingt ans décide d'être comme il a toujours imaginé qu'il est, blond, ou comme les sikhs, à qui il est interdit de se les couper, qui les ramassent avec un peigne en bois et les enveloppent dans un turban, jusqu'à ce qu'ils pourrissent. Il doit bien y avoir un produit : un vernis, une laque magique, un aérosol, une méthode de plastification quelconque. Ou peut-être que les momies égyptiennes ne… ? Mais pourquoi ne mûrit-il pas une bonne fois pour toutes ? Pourquoi n'en finit-il pas de perdre ce qu'il a perdu et n'accepte-t-il pas qu'il l'a perdu et ne passe-t-il pas à autre chose ? Ce ne sera pas la première fois. Il n'a pas eu une vie riche en tragédies, c'est plutôt le contraire, mais pour quelque raison inconnue il se croit expert en pertes. Pourquoi ne se précipite-t-il pas à présent, s'il en a une, sur sa trousse de premier secours ? Comment a-t-il fait avec sa grand-mère, une fois que le cancer a fini de la dévorer ? Comment a-t-il fait avec sa machine à écrire Continental, cassée en mille morceaux lors d'un déménagement ? Et avec Dandy, le chat qu'une hépatite l'a obligé à sacrifier, ou avec Isabel Magallanes, l'apprentie arriviste qui l'a laissé tomber du jour au lendemain pour un étourdissant imbécile, avec sa banane et ses longues pattes, comment a-t-il fait avec les Tintenkuli, les Rotring de toutes les couleurs qu'il conservait toujours sur lui, avec un plaisir d'avare, et qu'il rangeait tous ensemble dans son sac, et qu'on lui avait volé, lors d'une fête où il s'était ennuyé ? Comment a-t-il fait avec Monti, son meilleur ami, surpris en flagrant délit de vol, arrêté, humilié, la tête rasée par la police, qui à peine le lycée terminé s'est évanoui comme les mots de ces publicités que les petits avions inscrivent dans le ciel à la saison des bains de mer ? Tout ce qu'on perd est pareillement perdu. Tout ce qui se perd est pareil. Mais il pense : c'est atroce. Avec Celso ce n'est pas seulement un génie qu'il perd, il ne perd pas seulement le talent, la perspicacité, l'art de ses doigts magiques qui savent tout. Il ne perd pas seulement son artiste exclusif mais quelque chose d'encore plus grand, de plus basique, de plus fondamental. Il perd le seul royaume au sein duquel il est capable de survivre : le royaume de la nécessité. Que pourra lui offrir de plus le monde à présent sinon le simple inventaire de ses contingences, de ses « alternatives », de ses « Lino » par exemple, toutes identiques par définition, et toutes plus désolantes les unes que les autres ? Il ne sait pas ce qu'il pourra supporter le moins : si c'est la perte de Celso, brutale, qui le déchire comme une entaille, ou cette façon de penser qui est la sienne, lente, en spirale, qui érode progressivement ses réserves de vie et bientôt l'étouffera. C'est peut-être une chance qu'après la pensée vienne la honte, cette brûlante vague de chaleur qui, si elle doit se prolonger un peu, va lui faire fondre le visage, sent-il. Sa sensation dure tout l'après-midi. À tel point que ce soir-là, déjà rentré chez lui, concentré sur son assiette de nourriture qu'il n'a pas eu la force de toucher, il a même du mal à raconter à Eva ce qui lui est arrivé. Et lorsqu'il rassemble le courage et le désespoir nécessaires pour commencer à tout lui expliquer, la carte de visite lui revient en mémoire, la carte de visite sur laquelle est inscrit le numéro du portable de Celso, et il se rappelle en se maudissant toutes les fois où il est tombé sur elle ces derniers jours, alors qu'il n'en avait nul besoin, toutes les fois qu'il l'a reconnue et qu'il ne lui a pas prêté la moindre importance, qu'il a toléré sans intervenir la dureté avec laquelle la vie quotidienne la souillait, il se souvient qu'il ne sait plus où il l'a laissée et il pense qu'il l'a peut-être égarée, ou jetée – puis il entend soudain Eva lui dire : « J'ai trouvé sa carte de visite au fond d'un chausson et je l'ai appelé. Il vient me couper les cheveux samedi prochain. »

Comment, quand, de quel droit… ? Il aurait tant de choses à réclamer, tant de questions à poser. Mais il se tait, il acquiesce avec tout le naturel dont il est capable, il recouvre soudain l'appétit que le deuil lui avait ôté et nettoie son assiette avec la voracité d'un naufragé, sans même s'apercevoir que la nourriture est froide. Il se tait pour ne pas se trahir, pour dissimuler l'indignation que provoquent en lui cette intrusion et cette tyrannie qu'il connaît bien, puisque depuis des années il est un de leurs cobayes préférés, mais qui à présent, utilisées pour résoudre la situation dramatique dont dépendait sa vie, lui apparaissent d'une brutalité jamais atteinte. Car le fait qu'il puisse cette fois tirer avantage de l'intrusion et de la tyrannie ne suffit pas à les excuser pour autant, bien au contraire. Et si cette façon sournoise de manœuvrer le blesse bien plus lorsqu'elle fait le bien que lorsqu'elle fait le mal, c'est parce que la charité qu'elle prétend concéder à autrui elle la concède sous couvert de discrétion et de secret : c'est-à-dire en souillant le bien qu'on suppose que ces deux instruments du mal poursuivent avec le poison qu'en réalité ils distillent ; de telle façon que lorsque le bénéficiaire découvre ce qui s'est tramé dans son dos, il a rarement la possibilité de jouir pleinement du bien qu'on lui a fait, tellement il est préoccupé, à présent, par le fait de calculer ce à quoi auraient pu le réduire ces mêmes armes si au lieu de lui venir en aide elles s'étaient proposé de lui porter préjudice. Cependant, cette fois, il a la possibilité de jouir pleinement de ce bien, oui. Et c'est pour cette raison que, ce soir-là comme les jours suivants, il évite de trop parler. Il garde le silence pour se délecter tout seul de son bonheur, comme lorsque quelqu'un, par une nuit d'hiver polaire, fuit le mauvais temps en se réfugiant à l'intérieur d'une voiture extraordinairement bien chauffée, et se met à conduire en dédaignant les unes après les autres toutes les possibilités de chaleur et d'hospitalité que lui offrent la route, les bars, les clubs, un cinéma, même sa maison, devant laquelle il passe sans ralentir, pour le simple plaisir de faire durer son bien-être immédiat, simple et sans témoin. Cinq minutes auparavant, alors qu'Eva ne l'avait pas encore prévenu de son coup de téléphone, il avait tout perdu. Pire encore : il s'était aperçu combien lui-même, à cause de son indélicatesse et de sa fierté, avait été responsable de cette perte. À présent, il a tout récupéré : ce qu'il possédait auparavant et même davantage, un supplément qu'il n'aurait jamais imaginé possible. Celso chez lui…

Mais le samedi, lorsqu'il entend l'interphone sonner et que, précédant Eva, qu'il considère désormais comme une usurpatrice dont il faut se méfier, pleine d'énergie, d'idées brillantes, d'un bon sens commun, tout ce que lui n'a pas, il lui annonce qu'il va aller ouvrir et il descend. Est-ce bien lui ? Est-ce bien Celso cette ombre trapue qu'il voit à contre-jour à travers la porte d'entrée portant une casquette de base-ball et des lunettes ? Il fixe son regard sur lui tout en se dirigeant vers la porte avec le trousseau de clés à la main. Il attend quelque chose de lui : qu'il le salue d'un geste de la main, qu'il sourie, qu'il retire le masque de ses lunettes. Mais l'ombre semble seulement impatiente, inquiète, et se débat parmi des pulsions contradictoires, rester sur le seuil, reculer et vérifier quelque chose dans la rue. Est-ce bien lui ? Il a soudain en tête une foule de scènes de films où une femme, victime d'un cambriolage, ou d'un abus sexuel, ou d'un crime, étudie à travers un miroir dépoli l'ensemble des visages suspects que lui propose la police et ne parvient pas à se décider, et avale sa salive car elle veut se décider mais elle sait que sa décision, si peu assurée soit-elle, coupera en deux moitiés drastiques l'existence de l'autre. Et si ce n'était pas lui ? Et si, en ouvrant la porte, il faisait entrer un monstre, un de ces bouchers sanguinaires qui font semblant de se consacrer à voler pour se consacrer à tuer et qui jouissent pleinement lorsque leurs victimes, au bout de leur pistolet ou de leur poignard, ou avec un fil de crin creusant un sillon de sang dans leur cou, leur avouent la seule chose qui désespère les vrais voleurs, qu'elles n'ont pas d'argent ni de bijoux, rien, pour eux c'est alors le feu vert, c'est le feu vert pour la seule chose qu'ils sont en vérité venue chercher : de la chair à charcuter. Dans ce cas, il pourrait dire sans mentir ni exagérer, qu'il est mort pour ses cheveux. Des guirlandes de boyaux enroulées en faux Calder, des corps découpés en carcasses, des aphorismes bestiaux écrits avec du sang sur les murs : le même spectacle que la police trouve le 8 août 1969 dans la villa de Cielo Drive, appartenant au couple Polanski-Tate, lorsqu'il a combien ?

dix ? onze ans ? assez en tout cas pour comprendre de façon spontanée, immédiate, que le massacre de Cielo Drive est la première preuve que le monde lui fournit du Mal sur terre – c'est ce même spectacle que vont trouver les agents du commissariat de son quartier lorsqu'ils auront défoncé la porte de son appartement et qu'ils découvriront son corps et celui d'Eva et celui du pauvre Curtius empilés dans la baignoire, méconnaissables, et les agents pourront attribuer les crimes de sang au faux Celso, à sa férocité et à son talent pour se servir d'un couteau, mais ils se tromperont, car ce qui se trouve au centre de cette scène d'horreur ce sont ni plus ni moins que ses cheveux.

Non, il n'arrive pas à déterminer si c'est réellement lui. Il n'en sait rien – car l'autre lui a tourné le dos pour jeter un coup d'œil sur l'avenue – lorsqu'il introduit la clé dans la serrure, ni lorsqu'il ouvre la porte, ni même lorsque l'autre se retourne et lui fait face, tellement, vu l'heure, trois heures de l'après-midi d'un jour d'été, le contre-jour le rend flou et le transforme en une grosse tache sombre. Tout se déroule rapidement ensuite… Il n'a pas commencé à lui tendre la main que l'autre l'embrasse fugacement, en lui frôlant à peine la joue, et qu'il pénètre dans l'immeuble avec une précipitation anxieuse, de fuyard. C'est bien lui, en tout cas, comme il le pressent tandis qu'ils se dirigent vers l'ascenseur – Celso devant, marchant rapidement, avec un sac orange fluorescent dans son dos et l'allure enfantine de ces gamins qui avalent en cachette et à longs traits des boissons colorées, que possèdent les individus de petite taille qui font des haltères, lui derrière, soudain surpris par une bouffée de parfum qui l'enveloppe comme une écharpe rance – et comme il le vérifie quelques secondes plus tard, dans l'ascenseur, lorsqu'ils montent sans dire un mot, en se souriant à tour de rôle, forcés de partager une intimité pour laquelle ils n'étaient pas préparés. C'est bien Celso, mais même s'il évite de le regarder de façon directe, comme il le fait chaque fois qu'il monte dans l'ascenseur avec quelqu'un, y compris avec sa femme, et même si dans ce cas précis il évite de le regarder pour deux raisons, à cause de leur extrême proximité et à cause du rôle secondaire, subalterne même, auquel semble l'avoir confiné, du moins pour l'instant et jusqu'au moment où il s'assoira pour qu'on lui coupe les cheveux, le fait que ce soit Eva et non lui qui l'ait appelé pour prendre rendez-vous, les deux ou trois fois qu'il croise rapidement son visage en cherchant un point de focalisation moins gênant que celui-ci, l'angle du miroir par exemple où le dessin d'un rat annonçant en tremblant la date très prochaine d'une dératisation, la poignée un peu trop molle de la porte, l'auréole qu'un sac à ordures a laissée sur le sol, son attention est attirée par sa peau luisante, par la ligne trop marquée de sa mâchoire, par la tension qui s'est emparée de chacun de ses muscles. « Vous avez quitté le salon de coiffure ? » lui demande-t-il pour rompre le silence, sèchement, en cherchant à raviver un peu de cette stupéfaction qu'il avait éprouvée lorsqu'on l'avait mis au courant. « Ce sont eux qui m'ont quitté », corrige Celso. Un nouveau silence se fait, ils laissent défiler deux étages, un ange passe. Anticipant sa commisération, Celso hausse les épaules. « Tant mieux », ajoute-t-il en ouvrant à peine la bouche, et lui, l'observant en plongée, remarque sa salive blanche, dense, qui tend à s'accumuler aux commissures et rend ses phrases pâteuses. « J'en avais fait le tour. Je ne pouvais plus progresser ». Un étage supplémentaire. Celso retire ses lunettes, renifle bruyamment et se frotte le nez du revers de la main pour essuyer une goutte invisible. « Je suis en procès avec eux. Ils m'ont traité comme un moins que rien. Je suis allé chercher mes affaires et ils m'ont mis dehors à coups de pied au cul. Je vais leur faire cracher un maximum de fric, à ces fils de pute. » Mais ils sont arrivés et le silence se fait à nouveau, comme si les deux hommes étaient pris d'une soudaine pudeur, comme si la relation était trop fragile entre eux et que le moindre changement d'espace, d'altitude, de scénographie, exigeait d'eux des règles du jeu, des sujets de conversation et même un ton différents. Il ouvre la porte et fait entrer Celso. À peine sont-ils à l'intérieur qu'ils découvrent ensemble et en même temps, Curtius, qui interrompt sa sieste d'un bond, et Eva au milieu du living, en peignoir, sortant à peine de la douche, en train de s'installer devant un miroir accroché au mur, dans un vieux fauteuil tapissé de velours vert – le seul qui ait des accoudoirs, le seul aussi à la hauteur du défi qu'on l'a obligé à accepter : faire office de fauteuil de coiffeur. Pendant ce temps, Celso jette un coup d'œil intéressé par l'entrebâillement de la porte de la cuisine, et reniflant à nouveau, lui murmure : « Vous ne pourriez pas me préparer quelque chose à manger pendant ce temps ? »

Tout en coupant les cheveux d'Eva il maintient un aplomb calme et professionnel ; elle lui parle comme si elle le connaissait depuis toujours, avec cette familiarité encyclopédique et superficielle qu'entretiennent les femmes avec les métiers auxquels elles ont fréquemment affaire, mais dès qu'elle quitte la pièce, « à toute vitesse », c'est semble-t-il la seule façon qu'elle connaisse de quitter un lieu, Celso arrête de balayer les mèches de cheveux mouillés et, tout en continuant à manger le sandwich au fromage qu'il lui a préparé après s'être enfermé dans la cuisine, s'approche de la chaîne stéréo, avorte complètement le son aigu qu'une trompette à sourdine voudrait prolonger à l'infini et après avoir jonglé avec le bouton des ondes du tuner, comme un cambrioleur de coffres-forts surpris en train de se livrer à son *hobby* du dimanche, finit par capter une radio d'Asunción et la fréquence modulée de Babylon, « en direct depuis l'*after hours* de la discothèque *Trauma* », traverse le living en un semblant de danse – deux pas en avant, un pas en arrière – tandis qu'il finit par verser une larme. Il ne veut pas parler ; il a seulement besoin de se soulager. Il lui faut de l'argent, un peu d'argent pour tenir le coup juste le temps de trouver un nouvel emploi. Il pensait pouvoir travailler seul, s'installer à son compte, dans un premier temps couper les cheveux à domicile, mais c'est le premier rendez-vous qu'on lui propose depuis un mois. Lui-même s'inquiète. Se demande en quoi peuvent bien se transformer la précision, la clairvoyance, la génialité des génies lorsqu'un océan de larmes les voile. Il entend les pleurs de Celso tandis que celui-ci tourne autour de lui, flairant de temps en temps ses cheveux avec d'automatiques estocades de peigne. Il est désespéré. Il a décidé de retourner à

Rio. D'abord, il a une affaire en vue avec un ami. Une affaire facile, simple, directe. Une vente à réaliser. Une fois qu'il l'aura conclue, il retournera à Rio. « Et moi, alors ? » se plaint-il, en déguisant la respiration courte de la panique en une protestation feinte. « Qui est-ce qui va me couper les cheveux, à moi ? » Celso s'interrompt et lui replace correctement la tête avec le pouce et l'index de la main droite, tandis que de la gauche il fait chauffer les ciseaux dans les airs. Pour la première fois il semble l'examiner avec des yeux de professionnel. « Vous quoi. Vous ça y est. Vos cheveux sont parfaits. Vous, vous n'avez même pas besoin de moi. Je vous les coupe pour ne pas avoir l'impression d'avoir fait le voyage pour rien, mais si j'avais un peu de décence je ne vous toucherais même pas. » Et il commence à lui couper les cheveux. Il coupe et il pleure, il coupe et il pleure. Et lorsqu'il veut le consoler il l'arrête net. « Chut, écoutez, écoutez donc cette harpe, fait-il, en inclinant légèrement sa tête vers la chaîne, et dites-moi à quoi ça ressemble. Dites-moi si ce ne sont pas les doigts d'une âme en peine qui grattent le dos du courant depuis le fond du ruisseau. » Et il se remet à pleurer. Il parle et il pleure, il parle et il pleure. Et pendant ce temps il coupe les cheveux, il n'arrête pas de couper, et le Celso qui coupe, abattu par le chagrin, est cinq, dix fois plus enthousiaste, plus rapide et subtil, cent fois plus artiste que le Celso tout court, cent pour cent sûr de lui. Il coupe à toute vitesse, il coupe pour rien, pense-t-il, lui sur son fauteuil, mais il coupe comme un possédé.

Malgré tous ses efforts, il ne parvient pas à lui arracher de détails plus intimes à propos de l'incident de son renvoi. Celso lui échappe. Il suffit qu'il lui pose des questions poignantes, tragiques, pour que le coiffeur se mette à rire, change de sujet, aille en vitesse pousser le volume de la radio et commence à chantonner en fermant presque les yeux le dernier succès à la mode de Pipa para Tabaco. Mais lorsque la question est anodine et concerne le côté picaresque ou ridicule de l'événement, sa voix tremble, il fond à nouveau en larmes et crie vengeance. Mais pourquoi vengeance ? Contre qui ? Délayé dans ce labyrinthe de changements d'humeur, de réponses évasives, de prétextes, l'événement perd de sa vigueur et tire vers la légende. Ce ne sont peut-être pas exactement ses affaires que Celso va chercher dans le salon de coiffure. Peut-être n'est-ce pas la crapule de *Volume 1* mais plutôt un concierge intempérant qui le flanque dehors le soir où il fait irruption dans le local et où il est surpris en train de voler ou en plein sabotage, en train de détruire les résistances des séchoirs à cheveux. Peut-être pas. Et si c'était celui qui accompagne Celso, un complice, le fameux type au crâne rasé et à l'accent étranger qui l'accompagne en hurlant l'après-midi où on le renvoie et qui cette fois, mécontent du partage du butin, finit par se payer lui-même de ce qu'il pense lui revenir ? Peut-être n'y a-t-il eu ni vol ni sabotage mais plutôt une transaction téméraire qui ne s'est pas déroulée comme prévu. Peut-être que cette puanteur, que cette odeur rance, ressemblant à de la sueur patiemment accumulée sous des pulls de laine, est le résultat d'une courte mais intense traque dont il serait victime, de journées passées sur ses banquettes arrière de voitures, de nuits dans des caves, des escaliers de service, des garde-meubles. Peut-être que tout commence dans une discothèque de la Plaza Italia, lorsqu'un agent de la sécurité à l'entrée refuse son visage ou son argent ou son *flyer* ou simplement exécute des ordres donnés par quelqu'un d'autre, qui en a après lui. Peut-être que Celso trahit ou est trahi, peut-être qu'il perd, qu'il parle un peu trop ou se sert au passage. Un local de restauration rapide des galeries *Pacífico*, un wagon de train, l'arrière-boutique pleine d'objets inutiles d'un autre salon de coiffure, les inconfortables toilettes chimiques du jardin zoologique défilent devant ses yeux comme des diapositives floues. Celso apparaît et disparaît comme un spectre stroboscopique ; il est habillé comme un dandy, il est en haillons, il a une serviette de toilette enroulée autour de la taille. Parfois il sourit en coin, avec une insouciance arrogante ; parfois, pâle de frayeur, il aimerait que la terre l'avale. Se venge-t-il vraiment ou est-il en train de sombrer ? A-t-il tenté d'escroquer quelqu'un ou le renvoie-t-on pour une histoire d'argent ? Comment le savoir ?

Peu à peu, à mesure qu'il commence, malgré sa méfiance, à savourer une nouvelle fois le miracle que deviennent ses cheveux dans le miroir, ses cheveux qui même après avoir dépassé la date de péremption, comme on dit de toute chose possédant une vie organique et susceptible de la perdre, étaient déjà un miracle et ne semblaient pouvoir aspirer à rien de mieux, à rien d'autre qui ne fût un faux pas, la présomptueuse imprudence qui cherchant à les embellir encore les ruinerait à jamais – peu à peu il se sent bizarre, comme s'il pénétrait dans une dimension illusoire. C'est la même chose, pense-t-il, que si on était en train de le tatouer. Rien de plus tiré par les cheveux, naturellement : il ne s'est jamais fait tatouer, il n'a jamais eu et n'aura jamais l'idée de se faire tatouer quoi que ce soit, ni les petites étoiles ou même les deux ou trois idéogrammes chinois empruntés à de pusillanimes manuels de vulgarisation, et il a déconseillé cette pratique chaque fois qu'il en a eu l'occasion et connaissait un tant soit peu le candidat au tatouage. Et cependant... Plus d'une fois, en flânant pour passer le temps dans une galerie du centre-ville, un antre de trois étages, vestige d'une certaine architecture commerciale des années soixante-dix qui vingt ou trente ans plus tard est demeuré intact, sans la moindre modification, avec son éternelle nuit, ses tubes fluorescents allumés à deux heures de l'après-midi, ses ascenseurs toujours hors service, ses boutiques de disques et de vêtements gothiques enfumées de marijuana, ses employés pâles comme des cadavres, une chose qu'il ne saurait comment définir l'invite à s'arrêter devant les vitrines des quatre ou cinq salons de tatouage qu'il croise dans les endroits les plus inattendus de la galerie, et qui sont toujours bourrés de monde, toujours débordants d'activité, à tel point qu'il jurerait qu'été comme hiver, à midi ou à sept heures du soir, que ce soit un jour de semaine ou un jour férié, la ville est l'épicentre permanent d'un congrès de tatoueurs ou le siège social d'une confrérie de tatoués, et bien qu'intimidé et honteux, car les vitrines transparentes des salons transforment la cérémonie du tatouage en spectacle public et que personne ne pourra jamais le dissuader que la rencontre entre l'aiguille et la chair devrait être quelque chose d'intime qui réclame un cadre privé, il demeure un long moment à observer ce qui se passe, attiré par la propreté chirurgicale de la mise en scène – le comble de l'exotisme pour une galerie célèbre à cause de la crasse qui s'y accumule –, par la présence d'une série de personnages dont il ne comprend pas du tout le rôle, des secrétaires, des assistants, peut-être des accessoiristes, tournant sans arrêt autour du tatoueur et du tatoué mais demeurant immobiles, tout au plus fumant ou regardant à l'extérieur, dans une attitude décontractée mais vigilante, attiré également par les attitudes étranges – parfois alanguies, parfois tendues, comme congelées au sein d'une activité dont l'intensité frise l'intolérable – qu'adoptent les corps, celui du tatoué qui se soumet au tatouage et celui du tatoueur en train de l'infliger, si caractéristiques chez le sculpteur et son modèle, chez les interprètes de tableaux vivants et aussi chez les tortionnaires et les torturés, et enfin par le caractère silencieux, ou plutôt privé de son, que prend de ce côté de la vitrine un spectacle qui ne saurait être plus bruyant. Ce qui cependant l'attire vraiment, ce n'est pas cela, ce n'est pas non plus l'art du tatoueur, à la fois semblable à celui d'un orfèvre ou d'un miniaturiste, dont le charme du savoir-faire ne le laisse de toute façon pas insensible, ni les dessins ou les couleurs dont il est capable de couvrir la peau. C'est une espèce de compression, comme si le spectacle dans son ensemble résidait dans l'extrême concentration d'une immense quantité d'énergie. Ce qui le charme dans le fond, c'est l'aura, la sensation de présence fabuleuse que dégage la cérémonie ; ce prodige de synchronisme qui fait que, pendant tout le temps que se prolonge le tatouage, tatoueur et tatoué sont plus contemporains l'un de l'autre qu'ils ne l'ont jamais été de rien ni de personne tout au long de leur vie. Quelque chose de cette concentration l'absorbe à présent dans le living de son appartement, d'une certaine façon le soustrait au monde, le même monde qui quelque part persévère aveuglément dans son déroulement – la nuit tombe, le vent souffle, Eva ouvre la portière d'un taxi tandis qu'elle cherche de l'argent dans son portefeuille, puis elle contemple sa nouvelle coiffure dans le miroir de son poudrier et découvre soudain en toutes lettres ce qui auparavant n'était pour elle qu'un brouillon confus et coupable : le désir de vivre une nouvelle vie, Curtius remplace la vieille pantoufle qu'on lui destine par celle qu'on lui interdit et qu'on lui a tirée d'entre les crocs à deux reprises, une seconde avant qu'il commence à la détruire –, et le « suspend », le branche sans solution de continuité aux doigts de Celso, qui font voler autour de sa tête les mille étincelles de ses frissons métalliques. *Tzic tzic… Tzic tzic… Tzic tzic…* Couper les cheveux est un songe musical. L'image est passée : elle demeure en retrait, version première et vulgaire d'une gloire trop essentielle pour être visuelle, trop profonde pour demeurer en mémoire. *Tzic tzic.* Il ne se voit plus dans le miroir. Il ne s'y verrait plus même s'il s'y regardait. Il perçoit encore les battements d'aile des ciseaux qui virevoltent autour de lui, le corps massif de Celso allant de droite à gauche et de gauche à droite en formant un demi-cercle dans son dos, mais ses yeux sont morts, comme une caméra éteinte. Il ne voit rien, il se contente d'entendre *tzic tzic tzic.* Il entend le bourdonnement des petites ailes de colibri, cette vibration microscopique, comme s'il s'agissait du vol d'une libellule, qui embellit l'une après l'autre les cérémonies funèbres au cours desquelles ses vieux cheveux vaincus font leurs adieux. Il entend mais ce n'est pas seulement cela : il *est* ce qu'il entend. À présent il est le *tzic tzic* des ciseaux, il est l'infime frôlement de la mèche de cheveux coupée sur le bord de son oreille, de l'épaule, du bras, qui représentent moins des obstacles que les témoins muets de la chute des cheveux sur le parquet. Il est ce qu'il perd, chaque cheveu qu'on lui coupe, chaque cheveu qui tombe. Quelle mortelle beauté : le sol autour de lui, autour de ses pieds parfaitement immobiles, un petit cimetière planté de croix ténues, extrêmement fines, faites des mêmes filaments de cheveux qui reposent sous terre, à l'intérieur des tombes.

Lorsqu'il achève sa coupe, Celso plante les ciseaux pointus dans la table de la salle à manger et se laisse tomber dans le fauteuil, trop épuisé pour se mettre à balayer. Il demande quelque chose de fort à boire et attend avec la nuque posée sur le dossier, le visage tourné vers le plafond. Il parle de son « affaire », du « coup » qui va le sauver, de l'ami, du « seul ami » qu'il a, avec qui il a tout planifié. Lui, il met un verre de whisky dans la main de Celso. Puis il se baisse et ramasse les cheveux coupés en les réunissant sur le sol avec les deux mains creusées en forme de parenthèses. L'idée de les ramasser avec un balai lui semble un sacrilège. Et lorsqu'il les a tous réunis, il enfonce trois doigts d'une main dans cette touffe spongieuse, matelassée, et il les laisse là un moment, sans penser, sentant comment les petites mèches de cheveux reprennent vie, se reconnaissent, rétablissent la communication entre elles et peu à peu commencent à palpiter ensemble, en formant une nouvelle unité. Lorsqu'il lève la tête, Celso s'est endormi, il ronfle. Il se redresse et va éteindre la radio. Avec le silence, tout se vide de façon brusque, brutale. Il s'approche de Celso sur la pointe des pieds, lui vole délicatement le verre vide resté entre ses doigts, le pousse doucement pour l'allonger dans le fauteuil et étale une couverture en laine sur lui.

Il se peut que ce qui se passe ensuite ne soit pas exactement ce qui se produit ensuite, car entre une chose et une autre il s'écoule à peu près deux heures : c'est lui, les cheveux coupés et rajeuni, qui se réveille le premier, se débarrasse des restes d'un mauvais rêve – il vient d'acheter un livre en fonction des auteurs qu'il reconnaît sur la couverture, et en l'ouvrant il s'aperçoit qu'il s'est trompé, que les noms ne sont que des homonymes légèrement défigurés de ses auteurs préférés –, se lève du lit et, entrant dans la salle de bains, traverse les restes d'un nuage de vapeur qui tiédit l'air. Il fait nuit. Celso est parti. Son sac orange n'est plus là ni ses ciseaux, la couverture qui l'a protégé tandis qu'il dormait non plus. Il découvre Curtius en train de pleurnicher, attaché avec sa laisse au tuyau d'évacuation de l'évier de la cuisine, entouré des restes de sandwich avec lequel on l'a acheté afin qu'il n'aboie pas, et il évite de regarder ses yeux suppliants en lui claquant la porte au nez. Il revient dans la chambre, s'habille, assailli par une soudaine pudeur rétroactive et, lorsqu'il enfonce une jambe encore endormi dans son pantalon, découvre que les poches dépassent de chaque côté comme deux langues assoiffées. Il ne parvient pas à se fâcher.

Il a l'impression que tout s'est passé correctement, en toute justice. Celso est parti propre sur lui après s'être douché, en prenant l'argent qu'il a trouvé et sans doute le butin, encore mystérieux pour lui, auquel font penser les deux tiroirs de la commode, les deux premiers du haut, ceux qu'Eva, par précipitation ou paresse ou négligence, ne ferme jamais tout à fait. Un mois et demi plus tard, il découvrira ce que Celso a emporté ce jour-là, le dernier où il a eu l'occasion de le voir, lorsque Eva, qui l'a quitté il y a deux semaines et est heureuse, pour la première fois, de vivre avec Curtius dans un minuscule appartement de célibataire, s'habille pour se rendre à une fête masquée et fouille dans la boîte de carton où elle range son *stock* d'accessoires festifs et ne parvient pas à trouver ce qu'elle cherche : une perruque blonde et bon marché, presque plus destinée à une poupée qu'à un humain, imitant vaguement une coiffure à la mode de la fin des années soixante.

Il y a quelque temps qu'il ne pense plus à Celso, sans ressentir l'obsession de ce qu'il a toujours appelé son petit problème, apparemment isolé dans ce mystérieux pavillon de quarantaine où cicatrisent ses plus rebelles blessures, et voilà que peu à peu mais de façon irréversible ses cheveux ont pris un aspect abominable, ils sont devenus les héritiers directs de la coupe des années soixante-dix qu'il a toujours détestée, au plus profond de lui, et à laquelle à présent il semble enfin se résigner comme s'il s'agissait d'un destin fatal, comme si c'était l'état auquel il tend lorsqu'il est livré à sa propre inertie. Il se dirige vers le nord de la ville à bord de sa voiture, à toute vitesse, à une vitesse littéralement folle, comme il conduit en réalité – lui, qui s'est toujours prévalu d'une certaine délicatesse, de prudence et de civisme au volant – depuis qu'Eva en a eu assez de ses yeux constamment cernés, de sa fidélité inconditionnelle, de sa bonne humeur, de sa manie d'accrocher les serviettes de toilette après les avoir utilisées, de son goût pour les plans et les pique-niques, de son talent pour le calcul mental et de son petit problème de cheveux, et qu'elle s'est décidée à déménager, en acceptant de renoncer à la voiture en échange de Curtius, alors qu'il aurait accepté de le lui céder sans la moindre difficulté, y compris gratuitement, sans absolument rien demander en échange, tellement il est et sera incapable de pardonner la blessure que lui ont infligée les crocs de l'animal, qui semblent encore, sous l'influence de conditions climatiques bien précises, se replanter de temps en temps dans la main, et s'arrête en écrasant le frein à mort devant un feu rouge, à vingt centimètres de la bande zébrée où un couple d'aérobistes est sur le point de traverser en trottinant. Il ne voit pas, semble-t-il, les éclairs de réprobation dont le couple le foudroie tandis qu'il passe devant l'auto qui rugit, qu'il fait rugir en accélérant dans le vide, préoccupé qu'il est, déjà, alors qu'il n'a même pas été immobile pendant dix secondes, par le manque de synchronisation du système des feux à cause duquel il se doute qu'il sera à nouveau obligé d'écraser le frein dans trois minutes, trois minutes et demie, alors que si le système fonctionnait comme il se doit, il devrait pouvoir circuler sans entrave, comme le bolide d'acier qu'il aimerait être. Tout dans la rue le contrarie. Tout s'interpose, l'obstrue, l'incommode. Il serait capable de tuer les chauffeurs de bus qui sont des criminels, les chauffeurs de taxi à cause de leur lenteur et de leur indolence, les cyclistes pour l'arrogance avec laquelle ils exhibent leur condition salutaire, tous les autres automobilistes qui lui prennent son espace dans la rue. Il serait capable de tuer les vieilles femmes qui décident de traverser des avenues aussi larges que des océans alors que les feux de signalisation le leur interdisent et coincent les roues de leur déambulateur avec lequel elles sont sorties pour faire leur promenade quotidienne. Il serait capable de tuer les promeneurs de chiens (et tout spécialement celui qui promène Curtius, et Curtius par la même occasion, Curtius en premier lieu), les coursiers qui se déplacent en scooter, les jeunes mariés qui roulent en longues files, les conducteurs du dimanche. Il serait capable de tuer les techniciens chargés de veiller au bon fonctionnement des feux tricolores, tout spécialement celui qui a permis que le feu qui se trouve cent mètres plus loin, celui qui devrait être rouge en ce moment, pour passer au vert dans quelques secondes, soit à présent jaune avant de passer au rouge. Il ne voit rien d'autre que sa propre fureur et il n'écoute rien non plus : les vitres sont toutes remontées et la musique est à plein volume, la radio calée sur une de ces innombrables émissions de l'après-midi où une légion de protagonistes litigieux semblent s'être mis d'accord sur une seule chose : s'exprimer en hurlant tous en même temps. Et cependant, quelque chose qui n'est ni une image ni un son le pousse à tourner légèrement la tête vers la file de droite, où il aperçoit une Toyota grise, rutilante, et un homme qui, passant sa tête par la vitre, le regarde et gesticule dans sa direction et lui crie des choses qu'il n'entend pas. Il l'observe puis l'ignore immédiatement, comme il ignorerait les phrases sans destinataire d'un fou. Mais l'autre continue à agiter les bras, vociférant sans le moindre son. Il a les cheveux longs et blancs, d'un blanc presque aussi resplendissant que la carrosserie de son automobile. Le feu change de couleur et il enclenche la première. Il croit entendre un Klaxon et la voix du type qui braille son nom. Le jaune passe au vert et il accélère en faisant hurler les pneus sur le pavé, mais l'autre le double et, Klaxon hurlant, la Toyota lui fait une queue de poisson qui l'oblige à s'arrêter et demeurer sur le qui-vive. Ça y est : son tour est venu. Il passe sa main sous le siège, en tire une courte barre de fer et sort de l'auto en l'empoignant comme une machette. L'autre, qui est également descendu, l'attend debout, bras écartés, en l'observant, en l'avalant plutôt de son sourire gigantesque. Une fois sorti de la voiture, les bruits du monde le font sursauter et l'arrachent de la torpeur et des vapeurs de l'enfermement. Oui, c'est bien son nom que l'autre prononce à présent à haute voix. De façon tout à fait scolaire : d'abord le nom et ensuite, comme un coup de grâce, court, indolore, efficace, le prénom, avec une stridence où se mêlent le bonheur, l'ironie et une certaine surprise. Il observe à nouveau cette tignasse bien fournie, vigoureuse, et le fait que les cheveux aient viré au blanc de façon arbitraire lui semble être une punition. « Que se passe-t-il ? Tu n'as pas l'intention de me frapper, tout de même ? » entend-il que l'autre lui demande, d'un air bien plus narquois qu'apeuré, comme s'il se moquait de lui, et il se rappelle alors la petite barre de fer qu'il brandit dans sa main. « C'est moi, Monti, ton meilleur ami, que tu veux frapper ? » dit l'autre tandis qu'il s'approche sans crainte, comme si son enthousiasme l'immunisait contre tout danger, et lorsque Monti se trouve là, à portée de main, il l'observe bien, avec attention, en détail, et secoue la tête en signe d'incrédulité, puis il le prend dans ses bras avec une force désespérée, comme s'il venait de croiser un mort et lui murmure à l'oreille : « Ah, fils de pute : tu n'as pas changé, pas changé, vraiment pas changé du tout. »

Ils garent les voitures le long du trottoir, allument les feux de détresse et descendent pour discuter. Si cela ne tenait qu'à lui, logique, il se volatiliserait, c'est d'ailleurs ce qu'il fait par principe chaque fois qu'il se retrouve dans une situation qu'il ne maîtrise pas et qu'il ne sait pas régler sur-le-champ, comme par exemple les réunions d'anciens élèves auxquelles on l'invite depuis dix ou quinze ans, d'abord par téléphone ou par courrier postal, par l'intermédiaire de correspondants choisis parmi les camarades avec lesquels il a été le plus lié, ensuite par courrier électronique, enfin par photolog, ces albums de photos où il vagabonde parfois sans trop d'intérêt et où il croit reconnaître la fille aux mocassins rouges trente-cinq ans après la dernière fois qu'il l'a vue en personne, qu'il a eu son visage en face, à portée de main, sa bouche, ses lèvres légèrement gercées par le froid, et qui a bien failli demeurer pour toujours au fond de son cœur. Mais il s'est déjà volatilisé la dernière fois, au téléphone, tout en regardant son chien flairer les gouttes de sang qu'il avait arrachées à sa main, et il pense en même temps qu'en acceptant la situation, en restant, en discutant quelques minutes debout, dehors, sur le bord de cette avenue peuplée de voitures qui passent comme des exhalaisons, les ignorent, peut-être qu'alors, moyennant un sacrifice aussi insignifiant, il parviendra à s'acquitter des dizaines de réunions d'anciens élèves auxquelles il n'a jamais assisté, des invitations auxquelles il n'a pas répondu, des imprévus auxquels il est déjà parvenu à réchapper. Et il reste, en effet, et il sent même une bouffée de plaisir l'envahir lorsqu'un rayon de soleil se fraie un passage à travers le feuillage d'un eucalyptus et lui chauffe tout un côté du visage, mais il attend encore quelques secondes avant d'entrer dans le vif de la conversation, sans doute encore perturbé par la surprise de la rencontre, mais aussi pour remettre plus ou moins en place le mécanisme de sa mémoire. Contre toute logique, car l'histoire de cette relation posthume qu'il alimente avec son ami est régie par des contrastes on ne peut plus radicaux, et aucune de leur rencontre ne permet de prévoir ce que sera la suivante, il lui semble que, s'il parvient à remettre le doigt sur la dernière fois qu'ils se sont vus, l'allure de Monti à l'époque, le genre de travail qu'il faisait, son état civil ou sentimental, il comprendra quelque chose à l'individu qui se trouve à présent devant lui, en train de gesticuler et de lancer de petites séries d'éclats de rire satisfaits – une chose qui pour l'instant lui échappe complètement et transforme l'autre en un inconnu. Possédait-il un gymnase ? Vivait-il dans un hôtel ou était-il retourné chez sa mère ? Parrainait-il un réseau de soupes populaires dans l'ensemble de l'agglomération ? Entraînait-il l'équipe de rugby qui l'avait refusé comme joueur ?

Tout se mélange dans sa tête. Ce qui est sûr, en tout cas, c'est qu'il n'avait pas tous ces cheveux blancs, qu'il n'était pas si maigre, ni brûlé par le soleil et qu'il n'inhalait pas ces avides bouffées d'air après lesquelles il court en ouvrant si grande la bouche lorsqu'il parle. Ainsi, il se résigne à alimenter la conversation, accepte l'hospitalité que lui propose cette voix familière, protectrice et distante à la fois, et soudain, pour couper court à l'avalanche de plaisanteries que l'autre lui envoie depuis un bon moment à propos de sa jeunesse, de son bon état de conservation, de son talent pour ne pas se laisser marquer par le temps – c'est-à-dire, précisément, tout ce qu'il déteste le plus chez lui, ce qu'il n'a jamais réussi et ne réussira jamais à éviter, car lorsqu'il aura cinquante ans on continuera à lui dire qu'il a l'air d'en avoir quarante, et lorsqu'il sera à l'agonie on prétendra qu'il pourrait s'inscrire au marathon du troisième âge et ainsi de suite, et personne ne verra jamais le spectacle auquel il assiste lui-même tous les jours, à savoir l'érosion sourde mais implacable que cette jeunesse qui ne cède pas exerce sur les fondations qui le soutiennent –, il profite d'une pause de Monti pour respirer, fait un signe de la tête en direction de la Toyota puis, arquant les sourcils en signe d'admiration, lui dit : « Je vois que les affaires marchent bien pour toi, n'est-ce pas ? » « Tu dis ça parce que tu n'as pas vu l'intérieur ! dit Monti en éclatant de rire. J'ai quatre enfants : et si je récupérais tous les bonbons et les chocolats qu'ils ont collés aux tapis de sol, je pourrais monter un superbe kiosque à friandises. » Ils rient tous les deux. Mais oui, les affaires marchent, il ne se plaint pas : il a une entreprise de piscines, il mène la barque tout seul, sans associés, voilà deux ou trois ans qu'il profite de l'essor des *countries* et des résidences surveillées… « Tu vois ce qui se passe. Et bien c'est que, maintenant, qui dit maison dit piscine », explique-t-il comme s'il était en train de réciter un proverbe. Mais lui a perdu le fil, il ne suit plus la conversation, il est resté figé sur la nouvelle de ses quatre enfants. « Mais tu as vraiment quatre enfants ? » « Quatre gamines. Ana et Carmen, les jumelles, et Mara et Lucía. Quatre divines diablesses. Ce n'est pas facile, mais… » « J'imagine. » « Non, tu n'imagines pas. Personne n'imagine. Tu as envie de gâcher ta vie ? Eh bien crois-moi : fais quatre enfants. Les pauvres : elles sont adorables. Ce n'est pas leur faute. Et moi, on peut dire que j'ai tout traversé, oh oui. Et je me suis sorti de toutes les escroqueries, de toutes les affaires… Je me suis tiré de toutes les situations. Mais il est impossible de se tirer de quatre enfants. Et maintenant voilà que leur mère veut qu'on se sépare. Elle s'est aperçue que ça n'allait plus entre nous. Tu peux croire une chose pareille, toi ? Et juste maintenant que les gamines ne vont pas tarder à entrer à l'école, voilà qu'on découvre que j'ai un cancer. Bingo ! Mais parle-moi de toi, qu'est-ce que tu deviens, toi ? »

Il entend le mot « cancer » et c'est comme si un caillou venait de briser la vitre d'une fenêtre en mille morceaux et qu'elle tombait, qu'elle s'éparpillait par terre pour venir s'arrêter à deux centimètres de ses pieds. Ou comme si un virus extravagant, incubé et développé dans des conditions exceptionnelles qu'on ne peut trouver qu'en un seul point de la planète, un unique point très éloigné, avait soudain investi des lieux où seule son existence était inimaginable et tuait des gens qui n'avaient pas la moindre raison de le craindre. Le cancer, son meilleur ami : il manque un chaînon au milieu de tout ça, qui manquera toujours, à tel point qu'il trouve inadmissible l'idée que quelqu'un comme lui, de son âge, c'est-à-dire encore jeune, et en particulier quelqu'un qui a conservé cette sorte de jeunesse artificielle, accrochée avec des épingles mais tout à fait persuasive, que sont les mythes de l'adolescence, puisse tomber aux mains d'une maladie mortelle, si mortelle, qui est dans le fond moins une maladie qu'une abstraction, moins un mal qu'une catégorie, qu'une chose – comme il découvre à présent qu'il pensait il y a encore dix secondes, avant que Monti ne prononce le mot « cancer » – appelée à exister dans quelque au-delà de l'existence qui n'a qu'une raison d'être pédagogique, les symposiums médicaux par exemple, ou la recherche pharmacologique, ou la dimension des menaces platoniques, qui promettent des effets mortifères car elles savent qu'elles ne les tiendront jamais. Mais il y a aussi d'autres possibilités : celle d'avoir mal entendu par exemple, et que le cancer ne soit plus le résultat d'une multiplication effrénée de cellules malignes à l'intérieur de l'organisme de son meilleur ami mais plutôt la combinaison fortuite d'un banal homophone, *danse* ou *lance*, ou *Banzer* ou *ranser* – la marque nationale d'appareil électroménagers dont il n'a pas entendu parler depuis des siècles et qu'à présent il en est certain, il le jurerait presque, Monti, allez savoir pourquoi, vient de remettre sur le tapis – prononcé avec une certaine indolence, et le bruit d'un pot d'échappement mal réglé d'une automobile, ou du frottement des cimes des arbres, ou même d'un dysfonctionnement soudain de ses propres oreilles, dont il ne savait pas qu'il souffrait et pour lequel il devra à l'avenir consulter. Mais, et si c'était une blague ? C'est une éventualité supplémentaire : une de plus, une blague de mauvais goût, une blague de psychopathe – finalement pas si différente du genre de blagues qu'ils partagent depuis leur enfance, prodigues en infirmes qui marchent sur des peaux de banane, en mongoliens onanistes et en parachutes qui ne pensent jamais à s'ouvrir au bon moment – qu'il lui raconte comme si de rien n'était, pour savourer le moment où il va lui révéler que c'est vraiment une blague avec un éclat de rire explosif, pour lui montrer qu'il se trompe vraiment s'il croit que c'est en lui faisant la conversation sur l'avenue qu'il va payer les dettes qu'il a contractées ces dernières années en tentant de fuir son passé scolaire. « Je n'y crois pas », lance-t-il. « Je te jure sur la tête de mes gamines que c'est vrai. Regarde, tu vois ? » Et il lui montre un petit point noir, au milieu d'une auréole rosée, situé au bas de sa trachée, sur la fourche que forme sa chemise lorsqu'il ferme le dernier bouton de son col. « J'ai fait une biopsie il y a une semaine. Il a fallu que ce soit moi qui convainque les médecins. Si ç'avait été une douleur, en moins de deux j'y passais… Mais je sentais comme un poids ici, une pression bizarre. C'est le stress, me disait-on. Les nerfs. On me donnait des relaxants musculaires, du rivotril, du thé à la valériane. Je n'étais pas du tout convaincu. Je savais que c'était autre chose. Et c'était effectivement autre chose. C'était un cancer du poumon. Je commence la chimiothérapie dans dix jours. Mais parle-moi de toi, fils de pute. Tu es célibataire ? Marié ? Châtré ? Que fais-tu ? »

Il le laisse parler : il est toujours éberlué par cette capacité à cracher des questions qui s'accumulent sans attendre de réponse, par cet enthousiasme réflexe, comme s'il s'agissait d'une machine en panne. Il sent une gravité erratique dans son corps, dépourvue de direction, qu'il ne comprend pas mais qui lui inspire une vague inquiétude. Il cherche un endroit sur lequel prendre appui ; il appuie son bassin sur le flanc de sa voiture et reçoit le soleil en pleine face, avec la tête de Monti intercalée au milieu, de telle façon que, lorsque les arbres cachent la lumière, le visage de celui-ci apparaît bien net, bien défini, avec cette précision ténue que le contre-jour avale lorsqu'ils ne parviennent pas à la filtrer. En posant discrètement sa main sur le toit de la voiture il reconnaît cette sensation qui vient de lui faire tourner la tête. La tôle, l'éclat impossible, sans rides ni plis, comme d'un autre monde, de la tôle. L'absolue inhumanité du métal.

Il ressent la même chose que ce qu'il ressent pour la première fois par une rude matinée d'un lundi d'automne lorsque le directeur de l'école fait irruption dans la classe et modifie l'existence de vingt-deux enfants hébétés, dont la plupart n'ont même pas la force de le regarder. Il est huit heures vingt, ils viennent juste d'entrer, de s'installer devant leur pupitre et d'ouvrir leur cartable, mais ni cette agitation mécanique ni le soleil, un de ces derniers soleils du mois d'avril, d'une intensité et d'une rage presque posthumes, ne parviennent encore à éliminer les baves du sommeil. Ils somnolent, s'installent, regardent devant eux comme des somnambules, en attendant l'ordre qui les réveillera une bonne fois pour toutes. L'institutrice, la pauvre femme qui tous les matins, comme si c'était le comptoir d'une boucherie, étale devant eux la brassée de nerfs qu'est devenue sa vie, tente de faire l'appel lorsqu'on frappe à la porte. Le directeur passe son petit corps en costume et entre avec de mystérieuses précautions, comme si quelque chose de nocturne et d'extraordinairement puissant l'avait déchu du statut qui jusqu'à hier encore le rendait si menaçant, invulnérable. Lui, comme d'habitude, s'est installé dans le fond de la classe ; il a posé son cartable sur le pupitre et un côté de son visage sur celui-ci, en l'utilisant comme un oreiller, et de là, en faisant semblant de ne pas sentir la boucle de métal qui lui taraude la joue, il regarde la scène à travers la fente de ses yeux mi-clos. Il n'est pas parmi les plus éveillés de la classe, mais il ressent tout de même un petit tremblement d'inquiétude. Il est troublé de voir que le directeur, par définition invisible et qui ne devrait s'exprimer qu'à travers des circulaires écrites, des décrets ou certaines manifestations scolaires, avec chaires et micros, que l'éloignement rend irréelles, apparaît ainsi, en personne, devant eux et trébuche un petit peu près de la carte du continent américain qu'on n'a pas encore retirée, et qu'avant de prendre la parole il se racle la gorge par deux fois sans nécessité aucune. « J'ai bien de la peine de devoir vous apprendre cette nouvelle. L'élève Natacha Tretyak a eu un accident samedi. Elle est tombée de cheval – vous savez tous combien elle adorait les chevaux – et elle est morte. C'est un jour bien triste pour l'école. Nous avons décidé de vous renvoyer chez vous. Aujourd'hui, votre classe n'aura pas cours. C'est tout. » Et lui, qui ne peut même pas décoller son visage de l'oreiller de cuir, ressent à présent *seulement* la pression froide de la boucle sur sa peau. Il se redresse et contemple le départ du directeur, qui referme la porte avec une extrême douceur, comme s'il laissait derrière lui un bébé en train de dormir, et la bouche ouverte de l'institutrice, figée en une grimace de stupéfaction, et les corps tranquilles et raides de ses camarades, et il pose les paumes de ses mains sur le cartable, sur l'endroit que son visage a dû tiédir, et après avoir reconnu au toucher – car il continue à regarder devant lui, où tout semble encore suspendu – les accidents du cuir, les coutures des poches, les parties lisses des endroits tachés par l'usure, soudain, comme s'il venait d'effleurer une dimension secrète de son sac, une secousse électrique traverse le bout de ses doigts et l'oblige à retirer ses mains. Il y a quelque chose de froid dans le cuir, quelque chose de glacé, d'aussi glacé que cet endroit du formica du pupitre où il passe ensuite les doigts, et quelque chose également dans la toile de sa blouse, qu'il palpe avec anxiété, comme pour se réfugier dans une rassurante patrie, et qui l'effraie, et quelque chose sur sa propre peau, qu'il frôle de façon craintive et qu'il ne reconnaît presque plus comme la sienne, ni comme une peau humaine – quelque chose de glacé, oui, d'aussi glacé que le sera certainement la joue de sa mère lorsqu'il l'embrassera une demi-heure plus tard, et que le seront le dessus-de-lit qui recouvre ses draps, et le tapis, et la tartine qu'il ne parviendra pas à avaler cet après-midi et tout ce qu'il touchera dorénavant, d'organique ou d'inorganique, de naturel ou de manufacturé, qu'il s'agisse d'une chose ou d'un être, car si la mort de Natacha Tretyak est atroce, atroce à tel point qu'elle restera pour lui, quels que soient les maigres rapports qu'il a entretenus avec elle et l'indifférence qu'il a toujours ressentie pour son adoration des chevaux, une sorte de modèle de mort éternelle, ce n'est pas seulement à cause de son visage rond, rayonnant et alangui, on ne peut plus russe, que le monde vient de lui soustraire mais aussi, et surtout, à cause de la nouveauté qu'il lui a procuré, à cause de ce bord givré que désormais, comme s'il se trouvait partout mais n'était accessible qu'à quelques-uns, à savoir la confrérie de ceux qui ont été touchés par le malheur, il apprendra à reconnaître dans toutes les choses du monde. Ce n'est pas son aptitude à rayer de la carte des personnes, des choses, des histoires, qui l'émeut le plus dans la mort ; c'est la vérité qu'elle lui enseigne à propos de la composition du monde.

Ah, s'il pouvait, comme le peuvent bien des gens, comme le peuvent précisément plusieurs des camarades avec qui il partage ce matin-là la nouvelle de la mort de Natacha Tretyak, si douce et taciturne que certains d'entre eux réalisent soudain, comme on dit, qu'elle existait et qu'elle faisait partie de la classe au même moment où ils apprennent qu'ils ne la reverront plus, ah, s'il pouvait se réfugier dans la superstition que, si cela ne l'a pas touché, lui, si cela a touché quelqu'un d'autre, aussi près que cela se soit produit, et *a fortiori* si cela s'est produit très près, lui et sa propre vie se sont nourris, se sont alimentés, de façon perverse bien entendu, du malheur de l'autre et se sont soudain sentis plus forts. Pour lui c'est simple : la superstition n'existe pas. Tout est réel, pleinement réel, idiot. Ce matin-là, il descend l'escalier de l'école, il le descend lentement, gênant quelque peu la précipitation avec laquelle aimeraient bien descendre ses camarades, qui ont rapidement remplacé la mauvaise nouvelle par l'euphorie d'un jour de congé imprévu, et lorsque l'un d'entre eux qui descend lentement comme lui, un de ceux qu'on appelle les cerveaux de la classe, le regarde et, cherchant sa complicité, car lui aussi, au-delà de la persuasion avec laquelle il tente de se convaincre, n'a pas l'impression d'être en train de penser ce qu'il faudrait penser, lui avoue son soulagement et pour épauler son soulagement il parle de quelque chose que son père ou son oncle a dit à propos des catastrophes aériennes, à savoir qu'elles ne surviennent jamais deux fois de suite dans un même pays, encore moins dans un même aéroport et enfin beaucoup moins dans la même compagnie aérienne, il ne parvient pas à lui renvoyer son regard, tellement il sent le tranchant acéré de la mort pas seulement dans ce qu'il touche – la main courante de la rampe de l'escalier, la poignée de cuir du cartable, l'intérieur de la poche trouée de son pantalon à travers laquelle il s'obstine à se gratter la cuisse avec deux doigts pour vérifier si sa chair réagit et continue à être humaine – mais aussi à l'intérieur de sa propre bouche, sur ses gencives, dans la salive qu'il avale, qu'il sent traverser le seuil de sa gorge, tomber et se répandre et teindre de mort les recoins les plus secrets de son corps. C'est exactement de cette façon qu'il interprète des années plus tard, au début des années soixante, lorsqu'on lance les premières alertes caloriques et que les premiers régimes alimentaires font leur apparition, dans leur majorité provenant des États-Unis et, aussi incroyable que cela puisse paraître, passent inaperçus ou sont mésestimés car inoffensifs par les plus scrupuleux détecteurs de contrebande coloniale de l'époque, l'expression « goût métallique », qu'il entend dans la bouche de sa mère lorsqu'elle goûte pour la première fois un café sucré avec une pastille de cyclamate, l'édulcorant artificiel qui plus tard connaîtra ses heures de gloire, et sera par la suite accusé et condamné à cause de ses propriétés cancérigènes, et c'est cette saveur, exactement cette saveur, « un goût métallique », qu'il imagine que doivent avoir dans la bouche lorsqu'elles se cassent, comme si c'étaient des chewing-gums fourrés pour adultes, les capsules de cyanure que les membres de certaines organisations de lutte armée, encerclés et dans l'impossibilité de fuir, croquent pour ne pas tomber vivants aux mains de l'ennemi. Et c'est de cette façon « goût métallique » que de nombreuses années plus tard, au milieu des années quatre-vingt, il baptise automatiquement le guérillero qu'il reconnaît un après-midi sur une photo dans la vitrine d'une modeste boutique de photographes du quartier. Bien qu'elle ait été agrandie afin qu'elle ne se noie pas dans l'océan d'images qui l'entourent – photos de mariage de toutes les couleurs, de baptêmes, d'anniversaires d'enfants, de fêtes religieuses, la plupart bougées, calcinées par le flash et décolorées sous l'effet du soleil qui traverse la vitrine, mais malgré tout moins sombres, sans aucun doute, que ce visage tendu, aux gros sourcils, comme congestionné par une cravate que quelqu'un, probablement une femme, sa compagne, qui possédait également une capsule au goût métallique dans son portefeuille et aussi, probablement, a été obligée de la croquer, lui a nouée trop fort ou trop près de la pomme d'Adam – il s'agit d'une très vieille photo d'identité, quatre sur quatre, en noir et blanc, comme celles qu'on demandait quinze ans auparavant pour le passeport, et que les modestes boutiques de photos ont l'habitude d'exposer afin de vanter leurs prestations et l'idonéité de ces dernières et parfois, lorsque le portrait est devenu célèbre avec le temps, comme c'est aussi aujourd'hui le cas dans de nombreux salons de coiffure de quartier, dont les marquises palissent à mesure que les néons brûlent et ne sont pas remplacés mais qui continuent à exposer le visage de l'artiste, de la vedette, du chanteur de tangos – les mêmes qui aujourd'hui jouent à guichet fermé, conquièrent la presse, les cœurs, et qui sont si populaires qu'il ne peuvent plus mettre le nez dehors – tel qu'ils étaient le jour où ils sont sortis du salon de coiffure, avec la coupe qu'on leur avait faite vingt ans auparavant, lorsqu'ils étaient encore apprentis et inconnus mais pleins d'ambition, pour se vanter de leur clairvoyance professionnelle et se faire mousser parmi les concurrents du quartier. C'est lui : il l'a vu quelquefois à son époque de gloire sur les pages de la presse de résistance, alphabétisant les paysans du Nord, haranguant la foule dans une assemblée syndicale de la ceinture rouge de Villa Constitución ou en train de dérober des armes dans un commissariat de province. Il le reconnaît à cause de ses cheveux drus, bouclés, semblables à du fil de fer, qui ont été domestiqués par deux ou trois couches brillantes de gomina, sans doute pour se donner une image de respectabilité devant l'agent de l'émigration ou les officiers des gardes-frontières qui un jour, tôt ou tard, à tel point sa situation et celle de ses camarades et de l'organisation tout entière est désespérée, compareront la photographie avec son visage et tiendront sa vie entre leurs mains, mais il ne peut rien contre leur nature et derrière, au bas de la nuque, alors que le cadrage parfaitement frontal de l'appareil photo aurait dû les faire passer inaperçus, les cheveux se rebellent en deux touffes dépassant de chaque côté, provocatrices. Depuis combien de temps est-il mort lorsqu'il l'aperçoit chez le photographe ? Depuis combien de temps son corps pourrit-il en répandant ses effluves métalliques dans la terre ? Combien de temps devra-t-il se passer encore avant que ses restes se mélangent à ceux de Natacha Tretyak ?

Il observe le nuage argenté des cheveux de Monti à contre-jour, blanc, impeccable et quelque peu artificiel, comme les morceaux de sucre avec lesquels l'un et l'autre, avant le lycée, alors qu'ils ne se connaissaient pas encore, se bourraient les mains et la bouche et les poches à la fin de la semaine lorsqu'ils se rendaient sur la place, Monti avec sa mère, son père, qui avait peut-être déjà commencé à trembler, et ses frères, lui avec son père et son frère aîné, et il pense que la vie de cet homme qu'il ne peut éviter de continuer à voir comme un enfant, de cet inconnu qu'encore aujourd'hui, plus de trente ans plus tard, il n'hésite pas à appeler son meilleur ami, il pense que la vie vécue par celui-ci, celle qu'il entrevoit tant bien que mal en parlant à bâtons rompus chaque fois qu'il le rencontre par hasard et celle qui est plus profonde, plus riche, qu'il ignore complètement, cette frange inédite où celui-ci se révèle tantôt comme un débrouillard sans boussole, tantôt comme le père de plusieurs enfants, puis un peu plus tard comme un mari abandonné, comme un organisme colonisé par une armée de cellules monstrueuses – il pense que la vie de son ami repose là, qu'elle est exposée là, au fond de l'abîme qui s'est creusé entre l'écume blanche, luisante, de ses cheveux actuels et les cheveux bruns, frisés, dans lesquels la jeune fille aux mocassins rouges plongeait jadis ses doigts osseux. Tout est là, comme dans un musée sombre, inaccessible, tout est crypté – mais lui, y aura-t-il accès ? Sera-t-il capable de le lire quelquefois ? Et ses cheveux, que deviendront-ils lorsque son corps sera sous terre ? Il pense à des photos de morts, à des momies, à cette fois où il a visité une exposition de paléopathologie légiste et où il était effaré par ces crânes vieux de deux mille cinq cents ans, des crânes percés par la syphilis ou la lèpre dont la seule trace vraiment humaine, si humaine qu'il en avait la nausée, était ces mèches de cheveux demeurées intactes, et même peignées semble-t-il, comme si la pulsion la plus vitale de l'espèce, capable y compris de s'imposer dans l'au-delà, était la coquetterie. Il a l'impression que les cheveux sont les seuls à résister, les seuls dont on peut dire sans ironie – plus que des os, toujours rongés, mangés par la maladie et le temps – qu'ils survivent. Tout à coup, il se met à *croire* aux cheveux, et la contrariété qu'il a toujours ressentie devant ces mèches de cheveux d'enfants que les familles conservent comme des trésors s'atténue, devient plus douce, finit par se transformer en une sorte d'orgueil.

Il accepte de l'accompagner. Il est si désolé qu'il dirait oui à tout ce qu'il pourrait lui proposer. Comparé à ce qu'il vient d'apprendre à propos de son ami, et à ce qu'il prévoit, à ce qu'il imagine qui va lui arriver, calqué – même pour lui, qui refuse presque par principe militant de céder aux images extorquées que la télévision ou le cinéma imposent sur ce que la télévision ou le cinéma appellent la tragédie de la vie – sur les lieux communs de la vulgarité la plus larmoyante, tout, y compris sa condition d'homme récemment abandonné, d'humilié sexuel, de paria de l'amour, tout lui semble d'une futilité accablante. C'est le moment, pense-t-il, où se scellent les plus folles complicités, où les vies les plus sensées et les réputations les plus irréprochables, écartées de leur trajectoire naturelle par un frottement d'une force inattendue, de signe différent ou opposé, habile cependant à détecter leur faiblesse et prompte à en profiter, coulent et sombrent dans le désastre. De fait, c'est la première chose à laquelle il pense lorsqu'il gare sa voiture dans une rue adjacente et prend place dans la Toyota, puis que Monti démarre sans lui donner le temps de boucler sa ceinture de sécurité. Ils n'ont rien à perdre, pense-t-il. Il n'est rien de tel qu'une condamnation pour s'inventer une nouvelle vie. *Butch Cassidy*. Ne sont-ils pas allés voir *Butch Cassidy* ensemble ? N'ont-ils pas ressenti au même moment cette impression de partager un même estomac, le vide du vertige lorsque Paul Newman et Robert Redford sautent dans la rivière depuis le haut de la falaise où ils ont réussi à résister à leurs poursuivants ?

Ils prennent la route : l'éternel parasite qui bat au-dedans de lui s'étire avec une certaine ferveur. Son meilleur ami est condamné et celui qui rêve d'une vie meilleure, c'est lui. Il rêve, en les agrémentant à présent d'une bonne dose d'adrénaline adulte, aux mêmes formes de pouvoir et de gaspillage auxquelles il rêvait souvent lorsqu'il était enfant et faisait semblant de conduire en tournant le volant d'une voiture immobile dans le vide, allumait une cigarette réelle avec un briquet imaginaire, se tartinait les joues de mousse à raser ou égarait ses petits pieds frileux dans l'espace immense des chaussures de son père. Il rêve de brûler des feux rouges, d'attaquer des supermarchés, de prendre en otage l'agent de sécurité et de libérer la belle caissière qui louche sur sa prison de promesses d'avancement, de chefs lascifs et de tickets restaurant qui était sur le point de se refermer sur elle. Ils pourraient pénétrer dans un cinéma et demander qu'on leur projette l'un après l'autre tous les films qu'ils n'ont pas réussi à voir ou ceux qu'ils ont vus à plusieurs reprises sans jamais en avoir assez, et pour commencer : *Phantom of the Paradise*. Ils pourraient faire irruption dans un casting et obliger une vingtaine de belles femmes à se déshabiller, à s'habiller et à se déshabiller de nouveau, pendant des heures. Ils pourraient consommer toutes les drogues, pratiquer tous les sports, boire tout l'alcool du monde. Ils pourraient se venger de toutes les choses horribles qu'on leur a quelquefois faites. Ils pourraient voler des vêtements en néoprène pour pouvoir vivre pendant des années parmi les vagues de l'océan et s'échapper enfin dans un petit avion privé. Ils pourraient acheter de faux papiers d'identité, se faire refaire le visage, utiliser des lentilles de contact, vivre sous un autre nom à deux pâtés de maisons de l'endroit où ils vivent, incognito, et voir ce qu'on dit d'eux à présent qu'ils ont disparu, et punir en pratiquant de discrets sabotages nocturnes tous les commentaires qui auraient tenté de les déshonorer.

Cependant, tout au long des heures suivantes, sauf au moment de déjeuner, chose qu'ils font dans un restaurant-grill sur le bord de la route à la demande de son ami, qui mange avec une voracité d'ogre, c'est tout juste s'il descend de l'auto. Ils parlent de choses et d'autres, évoquent des anecdotes dont ils conservent rarement le même souvenir, ils discutent de dates, de noms de camarades et de professeurs, de troubles prouesses scolaires, de filles précoces. Non seulement il n'a pas l'impression de pénétrer à l'intérieur d'une autre vie, mais il assiste de loin, imperturbable et déchiré à la fois, aux trois ou quatre scènes prévisibles auxquelles se résume la vie de son ami, la seule que celui-ci possède, celle que pour quelque raison, sans doute l'orgueil, il a voulu lui livrer cet après-midi, tant qu'il est encore temps. Tout est digne et atroce et possède le caractère épique que les choses les plus banales prennent à l'occasion d'un adieu. Monti cherche les lunettes de soleil et il entrevoit dans la boîte à gants un paquet de cigarettes light (« Déjà que j'ai le cancer, tu ne voudrais pas qu'en plus j'arrête de fumer ? ») qui dépasse entre un disque de Genesis et *The Crime of the Century*. Il le voit régler le péage et lire à haute voix, comme en le savourant, le prénom de la jeune femme dans la cabine devant laquelle il s'est arrêté et, en reprenant sa monnaie, retenir sa main dans la sienne avec une pression suggestive, jusqu'à la faire rougir. Un instant plus tard, la voiture roulant à cent quarante kilomètres heure, il retire sa veste tout en appelant son ex-femme pour la prévenir sur le ton le plus civilisé qu'il est en route pour venir prendre les gamines et, dix secondes après, le voici en train de hurler un chapelet d'obscénités on ne peut plus crues, puis de lancer son portable par la vitre, encore rouge de colère, tout en montrant quelque chose sur le bord de la route et en expliquant : « Oh, regarde : ils ont encore fait des plantations. Toutes nos plantes viennent de là. » Ils se garent devant une villa dans un quartier fermé. Monti appuie pendant un moment sur la sonnette, demande à grands cris qu'on lui ouvre et qu'on lui remette les gamines, donne de grands coups de pied dans la porte, tandis que lui, dans la voiture, parvient à distinguer l'ombre de deux femmes de profil, une jeune, l'autre plus âgée, en train de surveiller l'entrée depuis la fenêtre d'une chambre sur le côté, et ne dit pas un mot. Monti insiste pour lui faire visiter sa maison. Il répond qu'il se fait tard pour lui et, une seconde après, il a incroyablement honte d'avoir prononcé une phrase pareille. Monti revient à la charge : « Tu ne vas pas recommencer comme avant, te dégonfler à tout bout de champ. Allez, fais pas le péteux et suis-moi. Ensuite, on retourne à la capitale. » Ils avancent encore un peu, la Toyota freine à cinq mètres de la piscine – c'est la seule chose de toute la maison qui semble plus ou moins achevée – et sans prendre la peine de couper le contact Monti descend et commence à se déshabiller tout en marchant sur la pelouse puis, se mettant à hurler, il plonge la tête la première dans l'eau en agitant les bras et les jambes comme si on l'électrocutait dans les airs, avec le même désir de profiter au maximum de ces fractions de seconde passées dans le vide, en chute libre, que possèdent tous les enfants. Aucune trace de lui pendant une bonne minute, une minute et demie. Et lorsque l'eau cicatrise à nouveau et redevient calme, sans une ride, Monti émerge d'un coup propulsé par une force bestiale, comme un monstre aquatique, et il nage jusqu'au bord de la piscine le plus proche de la voiture et lui dit en dégoulinant d'eau : « Elle est super bonne. Qu'attends-tu pour venir te baigner, espèce de pédé ? » Il ne se baignera pas. Il le regardera nager, faire de stupides figures d'acrobatie sous l'eau, traverser la piscine d'un bout à l'autre sans respirer, jouer à cracher le plus loin possible, très loin, jusqu'à ce que la gerbe d'eau dépasse les dalles des bords de la piscine et atteigne le gazon. Un instant plus tard, tandis qu'il boucle la ceinture de son pantalon qu'il a enfilé sur son corps nu, sans se sécher, Monti l'invite à entrer dans le pavillon, à venir prendre quelques whiskys. Mais la porte à glissière qui donne sur le jardin est fermée de l'intérieur. La nuit tombe. Monti disparaît et revient – il a fait tout le tour jusqu'à la porte d'entrée – la tête baissée : il a oublié les clés dedans. Ils restent quelques secondes ainsi, debout, à contempler avec les mains en visière le peu qu'on réussit à voir du living à travers les fentes des persiennes, puis Monti commence à grelotter. « Pourquoi ne retournons-nous pas à la voiture ? » propose-t-il. Une soudaine lueur traverse ses yeux. À peine installés à nouveau dans la voiture, il allume le chauffage et passe *The crime of the Century*. Ils écoutent « Dreamer » à plusieurs reprises, pendant une longue heure.

Voilà le souvenir qu'il garde de l'après-midi qu'il passe avec Monti : cette insensibilité heureuse, cette espèce de soif avec laquelle il fait toute chose, la générosité presque obscène avec laquelle il lui évite un rituel mélodramatique, et aussi sa carte de visite, et la promesse que cette fois, pour une simple raison de précaution, il n'attendra pas cinq ans avant de l'appeler. Voilà le souvenir qu'il garde et qu'il est en train de se remémorer ce soir-là, tout en traversant la rue et en se dirigeant vers le *Spring*, un *tenedor libre*[1] chinois qui se trouve en face de chez lui, le seul endroit où l'on peut aller dîner seul sans trop se sentir humilié. Il y a mangé pratiquement toute la semaine : le soir, lorsque la lumière s'en va, la maison où il se sent bien en plein jour, sans Eva, sans Curtius, presque sans meubles, vidée du poids du passé, devient inhospitalière, menaçante comme s'il s'agissait d'un piège. Il se sent obligé de sortir et il sort, quelles que soient les surprises que le monde lui réserve. En traversant cette même rue, par exemple, et cela ne fait pas très longtemps, un garçon avec un sweat à capuche et des lunettes de soleil qui vient en sens inverse l'arrête tout d'un coup et lui demande s'il n'aimerait pas jouer dans un film. Il fait mine de reculer. Mais ce qu'il fait en réalité, c'est changer de position : il se met un

1. À Buenos Aires, un *tenedor libre* (« libre fourchette ») est un restaurant où le prix est fixe et où l'on peut se servir des plats à volonté.

peu de profil, de façon à ne pas trop prêter le flanc à ce qui pourrait se passer ensuite. Il reculerait seulement s'il avait quarante ans de moins et qu'il était un enfant, un enfant très peureux, qui n'aime pas trop parler, avec des cheveux raides et blonds, et qui, tout juste descendu d'un train à la gare de Barrancas de Belgrano, croisait un homme plus âgé que lui en train de tordre une casquette entre ses mains et de lui dire à brûle-pourpoint la même chose que le garçon au sweat à capuche, puis lorsque lui, complètement décontenancé, lui répond que non, qu'il n'aimerait pas, l'autre insiste à nouveau, et tandis qu'il observe dans toutes les directions, avec des yeux avides de rongeur noyé, histoire de ne pas rater une éventuelle autre proie, tout en espérant encore persuader celle qui est en train de lui résister, il lui demande avec une extrême amabilité, presque en le suppliant, s'il n'aurait pas quinze ou vingt minutes de son temps à lui consacrer. Mais comme il ne recule pas, c'est le garçon au sweat à capuche qui doit l'écarter du milieu de la rue, où une ambulance toute déglinguée vient de faire irruption à l'angle et s'apprête à les écraser. Il lui explique : on va tourner un *thriller* politique « genre Costa-Gavras », un film qui se passe dans les années soixante-dix, « à l'époque de la guérilla, des paramilitaires, tout ça ». Il y a un personnage, secondaire mais capital, « un avocat super brillant qui travaille pour des entreprises extrême ment puissantes, qui voit la férocité avec laquelle l'entreprise métallurgique dans laquelle il travaille agit envers les ouvriers et finit par passer du côté de la guérilla. Vous seriez parfait pour le rôle : vous collez à cent pour cent avec ce personnage », lui dit-il tandis qu'il lui remet une carte de visite et étudie sa coupe de cheveux du coin de l'œil : « Vous n'auriez même pas à passer chez le coiffeur. »

Il décline l'invitation en souriant, peut-être même avec une courtoisie un peu excessive, comme s'il le remerciait moins pour la proposition en soi que pour le soulagement de ne pas avoir eu à affronter la difficulté de la situation qu'il a redoutée au moment où on la lui faisait. Cependant, un arrière-goût d'insatisfaction s'empare de lui pendant quelques jours, une espèce de culpabilité ténue mais persistante, comme celle que provoquent les dettes impayées ou les engagements oubliés. Il n'est pas acteur, il ne l'a jamais été – sauf les quarante secondes qu'a jadis duré la funeste traversée de la salle de répétition qui a mis un point final à sa réputation parmi les membres de la distribution du Shakespeare destiné aux élèves de lycée –, rien ne lui semble plus étranger à sa nature ou à ses désirs. Mais l'époque le tente. Il est tenté par la possibilité, que les romans délèguent d'habitude à toute une série de machines extrêmement compliquées, pleines de risques et pas nécessairement efficaces, de revenir à une époque qu'il vénère et qu'il regrette de ne pas avoir vécue, ou qu'il aurait aimé vivre différemment, à un autre âge, ou peut-être avec une autre coupe de cheveux… Son enthousiasme est tel qu'à un moment il commence à imaginer, à émettre plusieurs hypothèses à propos de son personnage, toutes celles auxquelles sans doute il n'aurait pas pensé s'il avait accepté la proposition du garçon au sweat à capuche. Un avocat brillant, un conseiller de multinationales, qui prend soudain politiquement conscience, change de camp et met au service de la lutte révolutionnaire ses connaissances, son savoir, ses années de travail pour le capital... Au début de l'histoire il pourrait évoluer à visage découvert, toujours impeccablement rasé, les cheveux bien tirés, avec de la gomina, presque un clone, en y réfléchissant bien, des gardes du corps qui protègent les membres du comité directeur de l'entreprise, toujours dans la ligne de mire des balles des guérilleros. Avec la prise de conscience, la première chose qui disparaît est la gomina : les cheveux ressuscitent, s'étirent, reprennent leur mobilité. Ensuite, la moustache fait son apparition, d'abord timide, toute fine, presque policière, puis elle devient drue et provocatrice. Enfin, c'est la rébellion totale : cheveux longs et en bataille, extrêmement sales, style tignasse, grosses moustaches et barbe, et touffes de poils aux oreilles, tout ça en même temps. Un cocktail Molotov capillaire ambulant. Mais c'est alors, au moment où il conçoit le personnage dans son ensemble, de la première scène à la dernière, où celui-ci tombe mort au milieu d'un feu croisé et que sa tête cogne contre le sol, les cheveux ornés d'une grosse fleur de sang, qu'il s'aperçoit de son ineptie. Car s'il remonte le temps avec l'intention de changer et de voir ce qu'il deviendrait avec d'autres cheveux, il va également changer la seule raison d'être de sa marche arrière, la seule raison, du moins, pour laquelle quelqu'un, un employé subalterne de la production d'un film, quelqu'un qui l'aura probablement oublié lui et son visage une seconde après lui avoir remis sa carte de visite, a pensé qu'il était le plus à même de réaliser ce bond dans le passé.

De telle façon que c'est dans cet état d'esprit étrange, d'euphorie insatisfaite, voilée par une crise de mélancolie, qu'il vient de pénétrer à présent dans le *Spring*, de se soumettre au bain de lumière fluorescente que livre la cérémonie de bienvenue du lieu et qu'il reconnaît la musique douce et sucrée qui l'a écœuré les nuits précédentes. « Le Julio Iglesias chinois », lui a-t-on répondu lorsqu'il a demandé qui c'était. Tandis que son corps cherche sa table habituelle, près de la fenêtre, en diagonale par rapport à l'entrée de chez lui, ses yeux gagnent du temps et ratissent les grands plats en acier qui fument avec le menu du jour. Il remarque que sa place est déjà prise. Il ne parvient pas à voir par qui ou plutôt il renonce à le savoir, trop contrarié par sa frustration pour en plus honorer le coupable d'une tentative d'identification, et il finit par s'asseoir à une table pas très bien placée, sombre, près de la table des desserts. Il se sert deux assiettes de nourriture qu'il touche à peine et un verre de thé vert qui lui brûle la langue et le palais. Il lit très machinalement, en confondant toujours le nom de la victime et celui de son assassin, un article à propos d'une décapitation dans le journal du soir, et lorsqu'il le referme puis le pose sur la table d'à côté, écœuré, comme d'habitude, de voir les taches noires que l'encre et le papier bon marché laissent sur le tissu blanc de la nappe, il pense à ses cheveux, à la façon subtile dont les années soixante-dix, profitant de son indolence, les ont progressivement modelés, il pense à Monti, au Monti diminué grelottant dans le jardin qu'il ne verra peut-être jamais fini, et il sent à nouveau le froid du métal sur le bout de ses doigts, puis il appelle Celso sur son portable, par réflexe, comme d'autres s'en remettent à Dieu lorsqu'ils rencontrent le malheur.

Il a besoin de parler à quelqu'un. De fait c'est la première chose que dit sa voix chevrotante lorsqu'on lui répond. « Parler ! » Et puis, timidement, comme si on venait de le surprendre en train de hurler tout seul devant un miroir, il demande au téléphone avec un soupçon de méfiance : « Celso ? » Il attend une seconde, sur le qui-vive. Il perçoit une respiration qui siffle et ensuite le tapis de musique moelleuse et sentimentale sur lequel les sifflements se détachent : c'est le Julio Iglesias chinois. Il parcourt alors le *Spring* du regard et freine brusquement sur la table où il a l'habitude de s'installer. Il découvre l'homme au crâne rasé, ni jeune ni vieux, qui vient tout juste de se tourner vers lui et l'observe à son tour fixement tout en appuyant un téléphone contre son oreille. Ils demeurent ainsi plusieurs secondes, à se regarder à distance, chacun percevant la respiration de l'autre deux fois, l'une en vrai, dans le restaurant, et l'autre, légèrement métallique, à travers la ligne téléphonique. Jusqu'à ce que l'homme au crâne rasé éteigne son téléphone d'un coup sec, comme si c'était une castagnette. Il le voit se lever, ramasser un sac de supermarché suspendu au dossier de sa chaise, traverser la salle en contournant les quelques tables occupées et venir s'asseoir en face de lui avec le sac sur ses cuisses, comme s'il avait prévu de ne pas rester trop longtemps.

Ils ne se connaissent pas, mais à peine l'entend-il parler qu'il remarque son accent étranger – la dureté des *rr* doubles, les *s* cinglants comme des fessées, cette intonation indécise parvenant à flirter simultanément avec la question et l'exclamation – et comprend tout de suite qu'il s'agit de l'ami de Celso, celui qui vit avec lui et saccage le salon de coiffure l'après-midi où on le renvoie de *Volume 1*. Il semble ravagé par une fatigue de plusieurs siècles, irrémédiable, et malgré ça ses yeux rougis, aux pupilles brillantes et dilatées, continuent à attiser une vieille flambée de fureur. L'ancien combattant, comme il décide immédiatement de l'appeler, lui tend une main – que lui, hésitant, se contente d'observer – et ensuite, avec ses trois doigts chargés de bagues, agiles et rapides comme des tentacules, profite de l'affront pour lui subtiliser les deux tranches d'aubergine qui restent comme des orphelines dans son assiette. Non, ce n'est pas un hasard s'il se trouve là en ce moment, au *Spring*. Voilà deux heures qu'il est en train de monter la garde, qu'il l'attend. « J'ai quelque chose qui vous appartient, je crois », dit-il en montrant le sac en plastique, en le maintenant une seconde en suspension au-dessus de la table et en le laissant retomber dans l'autre assiette, où le riz sauté est en train de refroidir depuis un bon moment. Il regarde à l'intérieur du sac. C'est une perruque, la perruque blonde que Celso avait prise chez lui. « Elle n'est pas à moi », dit-il, et ensuite, tentant d'éviter que sa voix ne se casse : « Elle est à mon ex-femme. » « Ça ne fait rien, dit l'ancien combattant, en retirant le sac du milieu pour se retrouver à nouveau devant les restes de l'assiette. Maintenant je voudrais récupérer la mienne. » Surpris, il se recule et colle son dos contre la chaise. « La mienne ? » L'ancien combattant pose ses coudes sur la place. « Celle que Celso m'a dit qu'il vous avait prêtée : la vraie perruque. »

Il ne comprend pas. Il ne comprend rien. Mais que raconte cet imbécile avec son accent français, avec ses yeux injectés de sang et les épaules décousues de sa vieille veste en coton ? De quoi parle-t-il ? Il se sent un peu désabusé, comme un de ces personnages qui après une affreuse journée, commençant comme n'importe quelle autre journée, par la douche, un café, un ciel nuageux, un bus tardant à arriver, devenant bientôt un exercice de survie désespérant et sanglant, retournent chez eux le soir épuisés, après avoir donné tout ce qu'ils avaient dans le ventre, en comptant les minutes une à une, les étages, les pas qui les séparent de leur foyer, de leur famille, de leur lit tiède, et au moment même où ils s'apprêtent à enfoncer la clé dans la serrure, voilà que la lumière du palier s'éteint d'un coup et qu'un petit contretemps leur tombe dessus – un voisin hors de lui, une coupure d'eau, les lunettes pour lire qui ne sont pas à leur endroit habituel –, quelque chose d'infime à côté de toutes celles qu'ils ont dû supporter durant la journée, et qui cependant leur assène le coup de grâce et les tue. Mais il entend « la vraie perruque » et une curiosité malsaine semble soudain le ranimer, le ranimer, lui, qui était en train de languir, et donner de façon inespérée un peu d'intérêt à l'autre. La vraie perruque. N'est-ce pas ainsi, dans le fond, qu'il a commencé à penser depuis quelques jours à ses propres cheveux ? Comme un faux artefact composé de matériaux authentiques, de la même improbable famille qu'une jambe orthopédique fabriquée avec de la chair, des muscles, des ligaments réels, ou qu'un faux œil sculpté dans un œil véritable ? Mais dans ce cas, quelle différence entre l'un et l'autre, entre la prothèse et l'organe naturel, entre la blague et le sens premier, littéral ? Peut-être le rapport avec le reste, le lien qui existe entre la partie et le tout... Il pense au garçon au sweat à capuche et à la casquette et il le voit à présent comme le propagateur d'une perversion nouvelle, comme quelqu'un qui se consacrerait à recruter des corps ou des morceaux de corps affectés par une anomalie – une sorte d'anachronisme qu'il est le seul à percevoir – pour les réimplanter dans l'époque dont ils n'auraient jamais dû sortir. Une espèce de sorcier. Il a l'intention de le retrouver pour qu'il le libère du sort qu'il lui a jeté. Mais en revanche, dans le *Spring*, qui va bientôt s'éteindre et fermer en faisant taire le bourdonnement des tubes fluorescents, en tête à tête avec l'ancien combattant qui lui réclame la vraie perruque avec laquelle Celso a probablement quitté le pays, Celso qu'il ne reverra jamais plus, comme il vient à l'instant de le comprendre, il a l'idée de prétendre la chose suivante : « La seule perruque que j'ai, je l'ai sur moi. C'est celle-là » – et il pointe son index sur ses cheveux, comme s'il s'agissait du canon d'un revolver. L'ancien combattant l'observe avec une intensité nouvelle, comme s'il regardait quelqu'un qui vient d'ôter son masque. Pour la première fois il voit quelque chose de différent de ce qu'il s'était préparé à voir, quelque chose qui échappe à son entendement. Ou alors il découvre que ce qu'il s'était préparé à voir était une modeste estimation, impardonnablement mesquine, de ce qu'en vérité on se prépare à lui montrer. Il le fixe dans les yeux, il regarde le doigt congelé qui continue à viser sa tête, mais il évite par tous les moyens d'observer ses cheveux, pourtant la seule chose qui en réalité l'intéresse, convaincu que s'il cède, s'il fixe ses cheveux, il risque d'apprendre quelque chose qu'il aimerait savoir mais qu'il perdrait du même coup, et pour toujours, quelque chose d'infiniment plus précieux. Et par conséquent il tente de gagner du temps et lui sourit avec une certaine suffisance, comme s'il comprenait que tout cela n'est qu'une farce, et un instant plus tard, lorsqu'il pense que son air de supériorité lui a permis de neutraliser le pouvoir des cheveux, il regarde directement sa tête et même ainsi, bien qu'il fasse semblant, il se met à trembler. Et lui le voit trembler et, comme s'il lui donnait une ultime estocade, l'estocade fatale, il lui dit : « Vous ne pensez tout de même pas que ce sont de vrais cheveux ? »

Ce sont ces cheveux néfastes des années soixante-dix, qui traversent toute la décennie et l'humilient et la calcinent comme une ignominieuse comète. Pas les bons cheveux des militants politiques, ni ceux des révolutionnaires, ni des résistants, ni ceux des artistes engagés. Ce sont les cheveux de la culture de l'image, ceux de la télévision, ceux des présentateurs des émissions qui durent tout un après-midi ou toute une soirée, baptisées ici « omnibus », ceux des chanteurs mélodieux qui passent dans ces émissions, ceux des acteurs qui ne tournent que pour la publicité, ceux des modèles des photos publicitaires des magazines d'actualité, ceux des personnages des séries télé de l'après-midi. Ce sont les cheveux mi-longs, à deux pentes, descendant sur les côtés en dégradé, comme ceux de Jorge Martínez, qui devient célèbre grâce à une publicité de vaisselle incassable et renonce à tout, avant tout à sa carrière de joueur de tennis entrée en franche décadence après avoir connu son heure de gloire en 1966, avec la Coupe Davis, afin de poursuivre son petit bonhomme de chemin, en jouant un rôle de policier, dans le film picaresque argentin sur lequel trébuche Werner Herzog dans un cinéma d'Iquitos où il entre pour se distraire un moment de l'infernal tournage de *Fitzcarraldo*, ou bien séparés par une raie au milieu, selon la mode rendue célèbre, par de nombreux débrouillards du journal, et entre autres par le malheureux Esteban Molar, né Mario Esteban Moreno Larronde, l'ex-employé d'un atelier de tailleur qui devient secrétaire particulier d'un grand capo comique de l'époque, et devient ensuite celui qui lui procure les doses, puis les petits sachets, et enfin les cailloux de cocaïne qui quinze ans plus tard le tueront, aussi gros que des pains de savon à laver le linge, et qui devient ensuite intermittent dans les émissions d'humour les plus regardées de l'époque, puis l'étalon des apprentis vedettes papillonnant autour des portes des chaînes de télévision, et ensuite leur imprésario, ensuite leur fournisseur dans les fêtes que les hiérarques militaires de chaque force organisent pour impressionner les forces rivales – *potlatchs* prodigues en cache-sexe, *strass* et paillettes – et, au passage, pour fêter la réussite du plan d'extermination qu'ils mènent depuis qu'ils ont pris le pouvoir et même avant, et qui ensuite part pour l'étranger, pour Miami, pour la télévision latina, pour le diabète, et enfin pour le tonitruant procès pour violence conjugale qui l'oblige à chercher refuge là où on ne lui demandera pas de rendre des comptes : la jeune mais vigoureuse industrie hongroise du porno, d'abord, puis le trafic de joueurs de football en Amérique centrale. *Ces* cheveux. Les cheveux de Calvo, aussi ironique que cela puisse paraître[1], les cheveux de Carlos Andrés Calvo qui à vingt ans – sans autre capital que celui de cette chevelure, de sa sympathie, de son habileté et de sa sagacité pour profiter des opportunités qui se présentent à lui, des armes indispensables qu'il apprend à l'école de la rue, comme on dit – remplit d'une multitude de fans en état de transe sexuelle les gigantesques théâtres des villes balnéaires que tous les soirs il doit quitter, entouré de hordes d'admiratrices, déguisé avec une fausse barbe et des lunettes de soleil, ou habillé en femme, avec des vêtements qu'il emprunte à ses amies de la distribution, ou directement caché dans le coffre de sa propre voiture. Ce sont les cheveux à moitié *brushés* du beau garçon, du filou, de celui qui exploite « la dégaine », « la touche », « la gueule » que la nature lui a données puis évolue et s'installe, qui tombent sur le front et les oreilles en petits crans parallèles, comme une espèce de rideau. Les cheveux qui, quelles que soient les intempéries auxquelles on les soumet, qu'il pleuve, vente ou fasse orage, qu'ils émergent du fond de la mer ou de douze heures de sommeil, restent toujours bien coiffés, les cheveux de Michael Sarrazin, de Warren Beatty, de Kurt Russell, de Clint Eastwood, de centaines de visages, plus ou moins célèbres et respectables, de la décennie qui ne feront jamais oublier la seule chose qui ne doit jamais être oubliée : que la patrie de cette coupe de cheveux est l'Argentine et que l'époque où elle se développe est aussi l'époque où tout ce qui

1. En espagnol, *calvo* signifie « chauve ».

naît et grandit sur cette terre est enfanté par les ruisseaux de sang qui remplacent les engrais traditionnels dont se nourrit la terre.

Tout de suite après que la musique s'arrête et le silence envahit le *Spring*, dans ce vide singulier qui succède immédiatement à toute musique, un vide au début brutal comme un plateau désertique, comme un mur rêche, mais où ne tardent pas à réapparaître des frôlements, des tintements, des crépitations, tous les signes de vie qui, étouffés par la musique, continuaient à résonner pour quelqu'un quelque part, l'ancien combattant, qui a écouté sans rien dire, presque en état de léthargie, semble soudain revenir à lui et, profitant de l'inertie dans laquelle tout est plongé autour de lui, lance sa main comme la lanière d'un fouet en direction de sa tête et tire violemment sur une de ses longues mèches qui a commencé à lui couvrir l'oreille. Mais les cheveux résistent fermement et l'ancien combattant, furieux et déçu, laisse retomber sa main sur la table. Lui se met à rire. « C'est *ma* vraie perruque », lance-t-il. Et là, au *tenedor libre* chinois qui est en train de fermer, tandis qu'il sourit et acquiesce de la tête pour renvoyer le garçon de salle qui est venu encaisser la note et qu'il plonge sa main dans sa poche à la recherche de l'argent, il se sent si heureux, si triomphal, qu'il lui dit que non, que Celso lui a menti, qu'il n'a pas et qu'il ne l'a jamais eue, cette « vraie perruque ». Et malgré cela, magnanime, comme un seigneur féodal qui achèterait un esclave juste pour avoir le plaisir de lui rendre sa liberté, il lui propose de la lui racheter. Il tire de sa poche tout l'argent qu'il porte sur lui, met de côté deux billets pour payer les deux dîners et dispose le reste en éventail sur la table, afin que l'ancien combattant prenne la somme dont il pense avoir besoin.

Il semble que ce ne soit pas suffisant. En tout cas c'est ce que donne à penser l'ancien combattant à travers le sourire de compassion qu'il ébauche lorsqu'il aperçoit les billets étalés sur la table, un sourire pas très différent de celui que laisserait échapper un père si son gamin lui proposait de lui acheter une villa avec piscine et arbres centenaires en vendant les deux petites voitures Matchbox préférées de toute sa collection ou d'échanger un parc d'attractions contre la dent de lait, une incisive encore sanguinolente, qu'il vient tout juste de perdre. En réalité, c'est moins ou plus que pas assez : ce n'est carrément rien du tout. Il semblerait qu'il n'y ait rien, là, sur la table, et qu'il ne doive pas y avoir davantage non plus sur le compte en banque d'où il lui propose de tirer les sous qui manquent pour compléter le prix de la perruque. En d'autres mots : il n'est pas d'argent qui puisse la payer. C'est la phrase qu'utilise l'ancien combattant pour le dissuader de façon définitive, pas tellement de l'idée qu'il possède suffisamment d'argent pour payer la perruque que de sa prétention, de son illusion échevelée de pouvoir la payer. Plus que dire la phrase, en effet, il l'utilise, et il entend les guillemets avec lesquels elle est encadrée, forcé qu'il est d'utiliser une tournure espagnole chaque fois que quelque chose l'oblige à parler, et il se demande depuis combien de temps l'ancien combattant est étranger, depuis combien de temps il choisit ces phrases de l'extérieur, en se sentant exclu du monde où elles nagent comme un poisson dans l'eau.

S'il parvient vraiment à la connaître, s'il n'est pas tombé dans les filets d'un affabulateur ou d'un intrigant professionnel, l'histoire de la perruque impossible à payer, il ne la connaîtra que plus tard, chez lui, car c'est là qu'ils décident de se rendre lorsqu'on les chasse du *Spring* avec, comme d'habitude, cette brutalité souriante qui est propre aux *tenedores libres* chinois, et seulement après que l'ancien combattant aura parcouru tout l'appartement presque rasé, examiné à fond l'intérieur des valises, des armoires et des tiroirs vides et qu'il se sera aperçu qu'effectivement il n'y a pas la moindre trace de perruque. En revanche, l'ancien combattant trouve une bouteille de whisky Ye Monks et, contrarié par son échec, s'assoit pour la boire à même le sol du living. « C'est un cadeau de mon père », dit-il à l'ancien combattant. Depuis plusieurs années, probablement poussé par l'âge, les maladies, la vitesse hallucinante avec laquelle tous ceux qui ont partagé sa vie tombent comme des mouches autour de lui, son père a décidé d'offrir de la nostalgie : des jeux de société, des fanions de compagnies aériennes qui n'existent plus, des flacons d'eau de Cologne de marques disparues qu'il dégotte chez les soldeurs permanents. Une fois, pour l'anniversaire de ses trente ans, il lui offre un exemplaire du quotidien du soir daté du jour de sa naissance, un mercredi, avec la liste des films à l'affiche et le programme de la télévision. L'ancien combattant contemple la petite jarre de terre ventrue, il boit une gorgée de whisky à même le goulot et s'attarde sur la typographie gothique de l'étiquette.

La première fois que l'ancien combattant voit une bouteille de Ye Monks, quel âge a-t-il ? Cinq ? Six ans ? Et c'est sans doute la dernière image associée à l'Argentine qui lui reste en mémoire. Mais cette image se volatilise immédiatement, dès qu'elle fait irruption, à tel point qu'à plusieurs reprises il se met à penser que l'objet qui est resté photographié dans sa tête n'a jamais existé, qu'il l'a vu en rêve ou que ç'a été un mirage, un leurre tramé non pas pour le palais des amateurs de whisky, qui d'après ce que sait l'ancien combattant n'ont jamais goûté une goutte de Ye Monks, mais pour l'imagination enfantine, réfractaire à l'alcool et cependant parfaitement capable d'être subjuguée par l'aspect de la bouteille, par sa couleur orangée, si insolitement diurne pour un whisky, et par sa corpulence un peu médiévale, comme sortie d'un tableau de Breughel ou d'une vignette de Max & Moritz. Il n'en a pas vu une seule en plus de trente-cinq ans qu'il a habité en France, et chaque fois qu'il a mentionné la marque Ye Monks devant ses amis, que ce soit mine de rien, pour voir si enfin quelqu'un mord à l'hameçon, ou de façon plus calculée, de façon à exhumer chez quelqu'un, au cas où ils existeraient, les souvenirs les plus enfouis, la seule chose qu'il a récoltée, c'est une curiosité teintée de paternalisme, la même que réveillent chez lui Patoruzú, Afanancio, le docteur Neurus ou n'importe quel autre personnage des bandes dessinées locales qui accompagnent l'éphémère enfance argentine de certains de ses amis européens, ou bien leur indifférence lisse et plate. Un soir, comme il le fait chaque fois qu'il reçoit une invitation de l'ambassade – c'est-à-dire tout le temps, étant donné sa double casquette d'Argentin et d'ex-réfugié politique, le statut grâce auquel, fuyant le cauchemar argentin, il s'exile avec sa mère en France au milieu des années soixante-dix, et qui plus tard, lorsqu'il devient majeur, l'autorise semble-t-il à être invité à toutes les manifestation auxquelles participe son pays –, il assiste à la première projection privée d'un film argentin et il fait presque un bond sur son fauteuil lorsque sur l'écran un personnage en rencontre un autre, le héros de l'histoire, et, bien que son visage lui soit familier, il ne parvient à l'identifier qu'au moment où le héros, à contrecœur, tellement la situation l'humilie à nouveau comme trente ans auparavant, lorsqu'elle était quotidienne, lui rappelle le surnom qu'on lui avait collé lorsqu'il était petit, *Lampe-bouteille*, pour faire évidemment allusion à la taille disproportionnée de sa tête mais aussi, de façon implicite, à un *hobby* classique de l'artisanat domestique argentin, l'habitude de fabriquer des lampes de chevet en recyclant les petites jarres en terre cuite du whisky Ye Monks.

Sans doute parce qu'il ne les attend jamais, parce qu'elles le surprennent toujours alors qu'il baisse la garde, l'ancien combattant, entraîné, comme le sont toujours les parias, à demeurer en permanence vigilant, fête ces épiphanies avec une euphorie tout à fait intime, méfiante, comme s'il pensait que les ébruiter pourrait leur ôter toute intensité, les rendre triviales, peut-être les faire cesser. Ce genre de trait de flèche ponctuel, qui atteint une cible secrète mais ne libère aucun sens particulier, comme si sa seule fonction était de pointer une coïncidence vertigineuse, est ce qui lui fait un instant penser que son pays natal pourrait devenir autre chose que l'origine ou la toile de fond héritées, génériques, constamment hors-champ, que lui impose toute une vie vécue loin de lui, d'abord protégé et élevé, confiné ensuite, macéré même dans un monde, celui des exilés, et dans un faubourg particulier de ce monde, celui des enfants d'exilés, qui naissent tous deux par obligation et se constituent par nécessité, un peu comme l'architecture du *bunker*, par exemple, fait son apparition en réponse à l'éventualité de bombardements aériens, mais demeurent obstinément en vigueur une fois que le temps a passé et a emporté ce qui les avait rendus nécessaires, accrochés aux règles et aux habitudes qui se sont imposées au début, essentiellement basées sur le culte d'un esprit de corps inconditionnel, sans fissure, même lorsque à l'extérieur il ne reste déjà plus rien pour justifier qu'on les conserve, et que l'air qu'on y respire, qui autrefois, alors que le monde était pure oppression, a été le seul air libre et salutaire, y est à présent devenu toxique.

Il a ça dans le sang. Il comprend qu'il le porte en lui lorsque près d'un an auparavant, juste après la mort de sa mère, il achète un billet et s'envole pour l'Argentine sans but bien précis, rien que « pour voir », ainsi qu'il l'a entendu dire à tous ceux qui l'ont précédé, avec l'idée, pour l'instant, « d'essayer », « d'y aller et de voir », comme on dit dans le jargon du retour, puis les mois passent et sans raison apparente, avec un naturel étonnant, il a fini par rester, il a fini par se noyer dans la ville qui l'a vu naître mais n'est pas et n'a jamais été la sienne, que lui, cependant, malgré son scepticisme, jurerait entendre l'appeler tout bas, avec une voix de sirène qu'il est le seul à percevoir. Tout lui semble facile, fluide. Personne ne pourrait croire que c'est sa première fois à Buenos Aires, sa première fois en tant qu'adulte, en tout cas, et lui moins que personne, à tel point qu'il a l'impression, tout juste arrivé, grâce au sentiment de familiarité que produisent sur lui les rues, les visages, le rapport entre les gens, la façon de parler, qu'il ne s'agit pas d'un baptême mais de retrouvailles, de quelque chose qui se renoue, du remboursement d'une dette non honorée. Il lui semble vivre dans une espèce de continuel *déjà-vu** : tout ce qu'il voit et fait évoque chez lui un original diffus, qu'il connaît parfaitement mais qui est resté un peu en retrait, et fonctionne malgré tout comme un aval, une garantie qui l'encourage à pénétrer progressivement dans un nouveau monde. Il fréquente les cercles vers lesquels le guident ses connaissances parisiennes, cette vaste communauté, disparate, où survivent les éclats humains que produit l'explosion des années soixante-dix, et il découvre la sympathie, la solidarité, souvent l'admiration que réveille le seul fait de parler de son père ou de résumer rapidement son histoire familiale, des sentiments que peut-être il ne partage pas totalement ou qu'il pourrait trouver discutables mais qui dans sa situation se révèlent utiles, le gratifient et lui ouvrent de nombreuses portes. Lui, en ce qui le concerne, conserve intact le personnage qu'il s'est construit à Paris, et c'est par ailleurs le seul qu'il possède. Il tente de ne jamais se faire remarquer, parle peu. Tout chez lui semble défraîchi, usé, au bord de la décrépitude, comme s'il revenait toujours d'un voyage extraordinairement lointain, parsemé de péripéties harassantes.

On le reconnaît à son accent, qui devient plus marqué avec sa timidité, à la texture un peu fripée de ses joues, à la façon dont ses cheveux, en général très sales, se gonflent avec une euphorie passée de mode chaque fois qu'il retire le bonnet de laine qui les enserre, et au genre de manteau qu'il utilise, un trois-quarts de cuir fourré en agneau qu'un riche Argentin ayant déjà le nouveau modèle dans son collimateur lui offre à Paris à la fin des années quatre-vingt, et qu'il garde tout le temps sur le dos y compris lorsqu'il est à l'abri, dans les intérieurs suffocants des ambassades, des centres culturels et des galeries d'art. S'ils étaient délibérés, tous ces signes particuliers lui donneraient un profil de personnage excentrique ; vues comme on les voit, plutôt comme les entraves d'un passé dramatique qu'il n'a pas choisi, comme les séquelles de sa longue condition d'exilé, ce sont les marques de fabrique d'une victime et, où qu'il se promène, pâle, presque toujours les mains dans le fond des poches de son trois-quarts, d'une part pour se protéger de cette espèce de froid endémique qui le poursuit depuis son arrivée, d'autre part parce qu'il a honte des manches toujours trop courtes de ses pull-overs, qui ne dépassent jamais des poignets de son trois-quarts, elles ne peuvent qu'émouvoir.

Tout semble si familier à l'ancien combattant que très rapidement, bien plus rapidement qu'il ne l'avait supposé, il tombe sur les contacts et les opportunités adéquats et s'aperçoit qu'il peut tout à fait survivre en faisant, plus ou moins, avec des hauts et des bas, les mêmes choses qui lui ont permis de manger à Paris depuis qu'à dix-sept ans il a décidé de subvenir tout seul à ses besoins, la vente de différentes drogues au détail, une conséquence logique, presque imperceptible, de l'habitude qu'il a d'en prendre lui-même, qu'il choisit plus comme un passe-temps lucratif que comme une occupation et qui pendant un temps coexiste avec ses autres sources de revenus – chauffeur de maître, traductions, garde d'enfants, cours particuliers d'espagnol – jusqu'à ce que, sa clientèle constituée, il renonce définitivement à ces dernières. C'est avec une clientèle mobile, changeante, multiculturelle, qu'il entre en contact dans les mêmes réceptions diplomatiques, les mêmes manifestations culturelles et politiques, les mêmes événements auxquels on l'invite, à raison de six par mois en moyenne, en sa qualité de fils d'une victime mythique de la cause révolutionnaire et de réfugié politique – une condition d'où, contrairement à ce qu'on croit, on ne revient jamais, peu importe le changement concret des circonstances qui l'ont un jour déterminée –, et qui se compose à la base des membres des délégations des pays qu'on appelle amis, en majorité latino-américains, du tiers-monde et de l'Europe de l'est, qui sont en visite dans la ville pour inaugurer un salon commercial ou une semaine thématique de cinéma, à l'occasion de la première d'un spectacle musical et de danses folkloriques ou pour participer à quelque compétition sportive, et qui, comme cela se produit dans quatre-vingt-quinze pour cent des cas, ne voient pas arriver l'heure de quitter le théâtre, le stade ou les opulents salons des consulats afin de s'offrir la débauche de plaisirs à laquelle ils rêvent depuis qu'ils ont été nommés membres de la délégation, car qui sait dans combien de temps se présentera l'occasion de s'en offrir une nouvelle. Il est le fournisseur idéal, pas tant par la variété, la qualité ou le tarif des différentes drogues qu'il vend, rien de très spécial, que par le fait, assez rare, de ressembler effectivement en tout point à ses clients – à ceux qu'il pourrait le cas échéant, transformé par la nécessité en latino-américanistes experts, vaincre sur leur propre terrain –, et par la sécurité, le contexte de complicité et de camaraderie qu'il sait créer au moment de mener à bien la transaction, le seul contexte où les cachets de MDMA peuvent changer de main au rythme du groupe Huerque Mapu et où les discussions à propos de l'autonomisme zapatiste peuvent se dérouler sur fond de cocaïne.

Peu à peu, l'ancien combattant fait ce qu'on pourrait appeler son trou. Il découvre que passent également par Buenos Aires les joueurs de volley-ball de Cuba, les fabricants de machines industrielles de Corée du Nord ou les trapézistes chinois, tous des membres assidus de son portefeuille de clients parisiens, et que son *savoir-faire**, qui donne de si bons résultats avec les patrons de presse des délégations au sein des sièges diplomatiques latino-américains de Paris, est aussi efficace avec les patrons qui pullulent dans ceux de Buenos Aires. Pour le reste, s'il y a quelque chose qu'il pense avoir appris après avoir vendu de la drogue pendant vingt ans, c'est à marauder dans les théâtres, les hôtels, les salles de concert, les restaurants, les bars, les discothèques, tous les lieux publics nocturnes qui concentrent une population plus ou moins oisive et disparate et donnent la possibilité que fleurisse le genre de besoin qu'il propose de satisfaire, c'est à y marauder non pas comme les véritables maraudeurs, qui d'habitude évoluent seuls, se contentent de rester en marge des choses et finissent par éveiller les soupçons, mais plutôt avec le même style que ces *habitués** solitaires, quelque peu distants, qui apprécient une vie sociale administrée à dose homéopathique, par intermittence, saluant les uns, échangeant des phrases de courtoisie avec les autres, fidèles à un principe de légèreté et d'indépendance leur permettant, le cas échéant, de quitter les lieux sans se faire remarquer.

Et cependant cette invisibilité, qui en France représente sa plus grande fierté, ne semble pas avoir traversé la mare aux harengs sans dommage. Méfiance, discrétion, anonymat, toutes les qualités qui à Paris font de l'ancien combattant le contact le plus efficace pour faire d'une pierre deux coups, obtenir une barrette de *hasch*, et en même temps, pour le même prix, l'adresse de la cave où vient de débuter le nouvel espoir de la musique de *vallenato* colombien, ou le nom du barman qui prépare les meilleurs *mojitos* de la ville, ou les coordonnées du petit magasin de la périphérie où l'on peut trouver de la margarine uruguayenne, changent cependant tout à fait de signe à Buenos Aires, tout comme la température, la durée de la lumière du jour et tous les rythmes de vie en général, qui s'inversent en même temps que le changement d'hémisphère. Il devient *trop* invisible. Comme si l'immunité qu'il avait obtenue à force de faire preuve de tact, de perspicacité et de maîtriser parfaitement la langue des sous-entendus que réclame l'achat-vente cachait le moindre indice pouvant trahir ce qu'en réalité il fait mais étouffait du même coup celui qu'il est vraiment, son identité personnelle, sa présence dans le monde. S'il en possède vraiment une, comme il commence à se le demander depuis quelques mois.

Depuis son arrivée il vit sans avoir à désirer ou à décider quoi que ce soit. Il se laisse porter par un abondant agenda social, une combinaison de veillées funèbres, de fêtes militantes, de meetings politiques, de réunions de ramassage de fonds, de tribunaux et de séances de psychodrame à laquelle l'associe sans lui demander son avis, grâce à cette hospitalité compulsive que seul un passé traumatisant commun peut engendrer, l'ordre dans lequel survivent ceux qu'on appelle ses pairs, ceux qui sont de la même trempe que lui, comme on dit, à savoir des relations de son père et de sa mère, des compagnons de route, des fils de compagnons de route, des sympathisants tardifs, des gens qui étudient l'époque ou l'expérience du militantisme radical. Il a de la chance. Il se demande ce qu'il serait devenu sans l'inconditionnelle générosité avec laquelle on le reçoit, à quoi aurait été réduit son fameux désir « d'essayer », « d'y aller et de voir » le genre de vie que lui réserve cette ville dont tout le monde sans exception lui dit la même chose, que c'est sa place, où qu'il aille et quoi qu'il en pense, et un froid bien particulier envahit entièrement son dos, le même froid qui, par ailleurs, s'empare de lui ce fameux jour où, à l'âge de six ans, orphelin de père, avec une mère complètement affolée par les appels anonymes qui le dernier mois ne cessent de la faire sursauter pour lui détailler ensuite le répertoire de tourments qui l'attendent si elle persiste à vouloir rester à Buenos Aires, elle et son fils, pour qui semble-t-il on a concocté un *kit* de supplices adapté à son âge, il pose le pied sur l'aéroport de Paris, et qui ne l'abandonnera jamais plus, qui se contentera de se propager à tout son corps, et pas comme un froid qui l'attaquerait de l'extérieur, pas comme un froid « objectif », semblable à celui qui se laisse mesurer dans la pureté de l'air d'une matinée d'hiver, avec les petits nuages de buée qu'exhalent les gens le long des rues et le tapis de givre qui recouvre les trottoirs, mais comme une force venue de l'intérieur, des profondeurs de son organisme, et qui diffuse tout du long de ses veines puis atteint et congèle les derniers confins de son corps. Cependant, chaque fois qu'il arrive à un de ces dîners, chaque fois qu'il participe à un cercle d'amis, à une réunion, à un hommage, toujours avec son trois-quarts, qu'il ne parvient à échanger que beaucoup plus tard, « une démarche de Celso », comme il dit en rigolant, contre la veste de coton qu'il porte ce soir d'été pendant lequel, à lui tout seul, en quelques heures, il vide entièrement la bouteille de Ye Monks, et toujours avec les mains vides, les mêmes mains sales, aux cuticules pelées, que systématiquement, lorsqu'on lui ouvre la porte et qu'on le reçoit chaleureusement comme une sorte de fils prodigue, il tire de ses poches et écarte de chaque côté de son corps en guise d'excuse tout en disant : « Quel imbécile. J'aurais dû apporter quelque chose » – chaque fois qu'il accepte le verre de vin et la cassolette de *locro*[1] ou l'assiette de *mole poblano*[2] qu'on lui tend et qu'il se met à déambuler

1. Plat à base de viande et de maïs.
2. Plat de volaille avec une sauce au chocolat amer fortement pimentée.

dans la maison de famille, le jardin du centre culturel de quartier, le salon du club, il est envahi par la même amertume : il a l'impression que ce n'est pas lui qu'on reçoit, qu'on salue, qu'on invite à entrer et à qui on présente des gens, mais quelqu'un d'autre, quelqu'un qui probablement lui ressemble beaucoup, mais moins défini que lui, plus général, une espèce de catégorie à forme humaine, qui s'arrange toujours pour arriver un peu avant lui. Et il lui semble que tous ces gens qu'il voit manger, rire, discuter, et même danser, ou s'embrasser, ou se soûler – sont tous morts. S'il tend bien l'oreille et fait abstraction de la musique, des voix, des rires, des claquements rythmés des talons des danseurs, du tintement des assiettes et des verres, du froissement des vêtements qui se frôlent, de toute cette écume sonore superficielle, il entend un son, le seul qui soit réel : le frottement des pieds des condamnés qui traînent par terre, un mélange désolant de lamentations et de chaînes, qui n'est autre que le langage des âmes en peine et des fantômes. Voilà des années qu'ils sont morts ; des décennies. Tout ce qu'ils font possède cet air convenu et raisonnable qu'ont pour un accidenté, pour quelqu'un qui perd soudain la maîtrise de ses jambes, de ses mains, de sa langue, les rituels les plus basiques comme marcher, feuilleter un livre, articuler des mots, lorsqu'ils sont le fruit patient d'une reconstruction. Il voit en eux les mêmes étranges phénomènes de manque d'authenticité dans lesquels il se sent lui-même attrapé, eux parce que, comme des acteurs esclaves, ils sont condamnés à reproduire des gestes, des poses et des textes originaux dont ils seront toujours les ombres, quel que soit le degré de perfection avec lequel ils les exécuteront ; lui parce qu'il arrive toujours après, toujours trop tard, lorsque l'autre est déjà arrivé et qu'il ne reste plus pour lui que la pâle copie, les restes de ce que l'autre vient d'emporter.

Un après-midi, à la demande du neveu d'une légendaire déléguée syndicale, un fripon qui connaît l'écosystème des années soixante-dix comme sa poche et lui sert quelquefois d'informateur, il se rend à une table ronde de l'École supérieure de Mécanique de la Marine[1]. C'est la première fois qu'il pénètre dans cet ex-théâtre de l'horreur auquel, cependant, encore enfant il a souvent pensé, sans doute influencé par tout ce qu'il en a entendu dire parmi la communauté des exilés argentins à Paris, et qu'il a imaginé comme une gigantesque projection, une version à l'échelle de la capitale du train fantôme, son attraction préférée à l'Italpark, à vrai dire la seule qu'il ait connue, étant donné que le miraculeux après-midi où son père, en général réticent à sortir avec son fils, l'avait emmené au parc d'attractions avec l'idée, bien évidemment, qu'il n'y a pas de meilleur programme pour un enfant d'un an et demi que de pénétrer dans ce ténébreux labyrinthe de carton peint et de passer quinze minutes à la merci de guillotines en papier mâché qui tombent du plafond et de sorcières édentées lui crachant leur haleine fétide au visage, une féroce tempête s'était déchaînée dès leur arrivée et les avait obligés à annu-

1. De 1976 à 1983, les bâtiments de l'École ont été utilisés par la dictature militaire argentine comme centre clandestin de détention où ont été pratiqués actes de torture et assassinats.

ler le programme. Il entre dans l'enceinte et se perd, éberlué d'abord par les dimensions du lieu, qui excèdent tout ce qu'il connaît, même l'échelle de la ville dans laquelle il se guide lorsqu'il est enfant, ensuite déconcerté par ce mirage de rues et de bâtiments identiques, déserts, qui semblent répéter à l'infini une même cellule architecturale originelle, et lorsqu'il atteint puis entre dans la salle, on ne peut plus bondée, y compris dans les couloirs latéraux que les chaises auraient dû laisser libres, la table ronde a déjà commencé. Une femme âgée parle sur une estrade qu'elle partage avec d'autres intervenants. Elle a une voix faible, éraillée, que l'ancien combattant ne parvient pas à bien saisir, ni les autres retardataires avec lesquels il s'est placé debout au dernier rang, à en juger par la façon dont ils font la grimace et tendent l'oreille vers l'avant, ou mettent la main en cornet, ou protestent entre les dents, en partie à cause du micro, un vieux modèle fixé avec des bouts de ruban adhésif, qui l'amplifie ou la rend alternativement muette, de façon capricieuse, lorsqu'il ne la déforme pas avec les gémissements des échos, partiellement dus à l'acoustique du lieu, qui n'est pas un salon ni une salle mais une espèce d'énorme patio dallé, extrêmement haut de plafond, plutôt conçu pour une cérémonie militaire que pour une table ronde, où toute manifestation sonore humaine ne peut que se déformer avant d'arriver à destination.

Il est impressionné par le niveau de concentration, d'abandon total, presque religieux, avec lequel le public se donne à cette femme qui parle et se donnera sans doute aux deux intervenants qui vont lui succéder, et aussi, probablement, à toute personne qui occuperait une place sur l'estrade et approcherait ses lèvres du micro. C'est le seul point commun qui semble lier une foule où tous les âges sont représentés, toutes les classes sociales, les physionomies et les styles les plus hétérogènes. Et cependant, à y regarder de plus près, avec suffisamment d'attention, juste en passant, pour repérer cinq ou six rangs devant lui son informateur, qui l'a vu à son tour, à en juger par les gestes discrets à travers lesquels il le salue, il découvre autre chose, une chose qu'en fréquentant de façon générale les assistants il a l'impression de retrouver chez chacun d'eux, comme s'il s'agissait de l'autre face de la dévotion qu'il a repérée en entrant, et c'est la façon dont tous semblent s'appuyer sur quelque chose qui se trouve tout près d'eux, le pommeau d'une canne, une casquette, le bord du dossier de la chaise devant eux, leur propre genou, la main de quelqu'un qui est à côté, une paire de lunettes, un foulard, un objet qui leur appartient, ou leur est intime, ou les aide, ou leur donne du courage, et auquel ils s'accrochent avec un désespoir qui les trempe jusqu'aux os. Cela explique, pense l'ancien combattant, le rictus de douleur qui leur durcit à tous le visage. C'est cela, le désespoir, ou le froid – si tant est qu'il s'agisse de choses différentes.

Il est gelé, malgré son trois-quarts et son bonnet de laine, et ses mains enfoncées tout au fond de ses poches, où il ne peut éviter de frôler avec la pulpe d'un doigt la tranche d'un des sachets qu'il a à vendre. D'où provient ce froid polaire, massif, parfaitement homogène, qui semble avoir colonisé tout l'espace ? Il ne saurait le dire. Pas d'un courant d'air, étant donné que le lieu, bien qu'immense, semble malgré tout hermétique, et qu'il n'y a pas d'ouvertures ni de carreaux cassés sur les baies vitrées qui vont d'un bout à l'autre de la salle, et que le froid est une masse d'autant plus immobile qu'elle semble solide. Pas de l'extérieur, où un printemps encore jeune adoucit le dernier souffle de l'hiver. Il vient des entrailles même de ce lieu, qui produit et irradie du froid du seul fait d'être resté encore debout et soutenu par les mêmes murs, le même ciment, la même pierre qui le soutenait déjà trente ans auparavant, lorsqu'il n'était pas le théâtre improvisé d'une table ronde mais plutôt une grande usine à tourmenter et à tuer.

Ils n'ont pas d'autre endroit où aller. C'est la seule raison qu'il trouve pour expliquer pourquoi, alors qu'ils n'entendent pas bien, qu'ils ne parviennent pas à s'installer confortablement sur ces chaises en plastique qui, au bout de dix minutes, à peine le corps relâché, le martyrisent et l'obligent à se contracter à nouveau, alors qu'ils tremblent d'un froid qu'ils savent qu'ils ne pourront pas combattre, alors que le moindre détail de ce lieu, où ils demeurent immobiles, comme hypnotisés, depuis les incrustations des dalles du sol jusqu'au jaune sale et délavé des murs, depuis la tranche ébréchée des marches de marbre jusqu'aux verres rugueux du vitrage, tout ce qui les entoure leur rappelle ce que tout – sauf peut-être une volonté aveugle, suicidaire, semblable à une infernale insomnie dont il est impossible de guérir – les pousse à oublier – pour expliquer pourquoi ils ne partent pas avant que le froid les sèche, les transforme en pierre, pourquoi ils ne ramassent pas leurs affaires et ils ne se lèvent pas de leur chaise, pourquoi ils ne changent pas de lieu une bonne fois pour toutes, le plus rapidement possible, tous autant qu'ils sont, à toute vitesse, y compris les deux intervenants qui attendent leur tour à la table et la femme âgée qui à présent, pour tenter de mieux se faire entendre, approche sa bouche de la tête du micro, l'embrassant presque, et parle, et que ce qu'elle fait sortir des haut-parleurs, aussi décrépits que le micro, n'est pas une phrase mais une espèce de vent accidenté, sombre, incompréhensible. Ils n'ont pas d'autre endroit où aller. Ils ont un toit et des familles, des appartements, des maisons, des autos, plus d'une même, une maison pour le week-end, une ferme, une île sur le Tigre, où, les années passant, à mesure qu'ils se remettent de l'horreur, qu'ils recommencent à travailler, ils prospèrent et recomposent leur vie, restaurent peu à peu les conditions du bien-être qu'ils ont connu jadis ou dont ils avaient rêvé. Mais quelquefois, comme de vrais somnambules, ils abandonnent l'intimité de leur nid douillet et retournent dans ce lieu inhospitalier, brutal, qui ne les accueille que pour les torturer, et ils restent là, plus orphelins et sans toit que jamais. Ils restent même lorsque le dernier intervenant finit de parler et que les gens applaudissent, et que les gens derrière la table se lèvent, et que le technicien payé à l'heure débranche le matériel du son que deux heures plus tard il va utiliser pour l'anniversaire d'un gamin, et les intervenants descendent de leur estrade et se mélangent à un groupe enthousiaste du premier rang pour récapituler ce qui a été dit, pour ajouter ce qu'ils n'ont pas eu le temps de dire, pour avouer en privé ce que la solennité du lieu ou la foule les a empêchés d'avouer.

Ça y est, il n'y a plus rien à faire, la nuit tombe et le froid, qui est déjà atroce, deviendra bientôt mortel, mais ils résistent et restent avec un acharnement étrange, à la fois lourd et morne, comme le remarque l'ancien combattant un peu plus tard, au moment où il suit le signe grâce auquel l'informateur lui indique son client, un homme plus ou moins de son âge, mal rasé, avec un trois-quarts semblable au sien, enveloppé dans une longue écharpe de laine noire, et qu'il descend un escalier pour conclure l'affaire du jour dans les toilettes des femmes du sous-sol, les seules disponibles, étant donné que celles des hommes sont fermées, et qu'il remonte à nouveau, entre et observe la salle, qu'il pense vide, voyant avec étonnement que rien n'a changé : la plupart des gens sont restés assis, immobiles, comme suspendus dans une attente sans fin, les quelques individus qui ont osé se lever déambulent sans but à travers la grande salle, d'un pas court et lent, vieillis presque à la limite de l'invalidité, quels que soient leur âge ou leur état physique, progressant à peine dans une direction, ensuite changeant d'idée, pour s'arrêter et faire demi-tour et demeurer à nouveau immobiles, tandis qu'ils font semblant de chercher une connaissance parmi les petits groupes qui se sont formés, puis qu'ils finissent par redémarrer, dans une autre direction. Mais la pulsion dure peu, elle s'éteint, les remet en échec. Et ils restent là encore cloués, comme s'il n'y avait pour eux pas d'autre lieu au monde que cette crypte infâme qui ne tardera pas à les tuer une nouvelle fois.

Si cela n'avait tenu qu'à lui, au triste héros invisible qu'il est peu à peu devenu, l'ancien combattant lui aussi serait resté à l'École supérieure de

Mécanique de la Marine, à traîner des pieds avec cette légion de morts-vivants dont, à bien y réfléchir, il n'est pas si différent, et pour lesquels il n'a que des mots de gratitude, car de fait ce sont eux qui, sans le connaître, le reçoivent à bras ouverts, le protègent, ne le laisseront jamais seul. S'il ne reste pas, s'il abandonne la grande salle, retourne sur ses pas jusqu'au grand portail de l'entrée, cette fois sans se perdre, et s'éloigne en marchant sur le bord de l'avenue jusqu'à ce que la nuit tombe, quatre-vingts, quatre-vingt-dix, cent pâtés de maisons sans s'arrêter, ce n'est pas parce qu'il résiste ou qu'il se soulève contre le mal en train de le guetter, un mélange mortifère d'inertie, d'abattement et de paresse, mais plutôt le contraire, parce qu'il comprend que le mal qui le guette, trop puissant pour se laisser circonscrire à un lieu déterminé, dans ce cas le plus immonde possible, l'École supérieure de Mécanique de la Marine, se trouve et se trouvera et le surprendra toujours où que ce soit, n'importe où et où qu'il aille.

Même à l'*Hypnosis*, se dit le vétéran lorsque des jambes dont il a du mal à reconnaître qu'elles lui appartiennent, engourdies par des heures de marche, le conduisent jusqu'à la gigantesque discothèque qui brille au cœur de la Plaza Italia, illuminée comme un vaisseau spatial décrépit, sale, plein de fissures, qui aurait atterri non d'une autre planète mais d'un autre temps. Il a entendu parler de ce lieu. Il sait qu'il s'agit d'un des temples sacrés où viennent danser les émigrés des pays limitrophes qui entrent en masse dans le pays ces vingt dernières années, tandis que lui, à Paris, fait tinter devant les yeux de ses clients les clés qui communiquent avec les innombrables capitales latino-américaines qui prolifèrent incognito dans la capitale, Paris-La Paz, Paris-Santiago, Paris-Lima, Paris Bogota, etc. Il ne se trouve pas à l'intérieur des points de vente délimités par son rayon d'action habituel, mais il lui reste quelques grammes de marijuana à vendre, deux doses de cocaïne et quelques cachets et il trouve dommage de partir sans avoir au moins tenté de les placer. Cependant, à peine entré, après avoir favorablement passé l'examen auquel le soumet l'ogre qui surveille la porte, il se demande s'il va savoir s'y prendre. En commençant par la musique, extrêmement confuse, dont il ne parvient pas à savoir s'il n'y en a qu'une, extraordinairement hétérogène, ou plusieurs en train de résonner en même temps et de batailler pour savoir laquelle va s'emparer ce soir de la piste, il ne reconnaît absolument rien. Il balaie les lieux du regard, en évitant la chaîne montagneuse des épaules et des têtes qui l'entoure, et ce qu'il voit, plutôt qu'une vraie discothèque, est une espèce de place publique fermée, suffocante, qui oscille entre les ténèbres presque parfaites, le clignotement de la lumière stroboscopique et des moments inespérés de brusque clarté, sans âme, semblable à celle qui illumine les salles de théâtre lorsqu'il se produit une catastrophe et qu'on demande d'évacuer la salle, ce qui lui permet, cependant, de voir tout ce que font les gens en plus de danser ou pendant qu'ils dansent, c'est-à-dire acheter et vendre des choses, boire, manger, s'affronter en une rapide parodie de bagarre. Il ne distingue pas de parties qui pourraient lui permettre de diviser l'espace, dont par ailleurs les limites semblent également s'estomper, avalées par des zones d'ombre ou déformées par des couloirs qui se perdent dans le noir, à tel point qu'après avoir atteint, non sans difficultés, une espèce de nef centrale, du moins dans le sens où les différentes pistes de musique semblent confluer en une sorte de point culminant au-dessus de sa tête pour ensuite se déverser en cascade sur lui, il serait bien incapable de dire si l'endroit est grand ou petit, rond ou carré. Comme pour un miracle ou une catastrophe, tout se produit simultanément : il a envie de partir, il se sent tout à coup opaque, pour la première fois visible, et il distingue au loin une femme qui est en train de fumer tranquillement, avec un air pensif, appuyée contre un mur sans crépi duquel pointent des tessons de bouteille, et qui soudain tourne son visage vers lui, le regarde et disparaît lentement, sans cesser de le regarder, comme en le tirant à sa suite, de l'autre côté du mur. Il la suit. Il passe près du mur sans crépi, il s'écarte pour laisser passer un gnome aux traits indiens qui vient vers lui à toute vitesse, en se frottant la crête de cheveux bruns qui divise son crâne rasé en deux, et un éclat de verre lui déchire un côté de son trois-quarts, au niveau de la poche. Il suit les reflets dorés du gilet de la femme et progresse le long d'un couloir humide, parsemé de flaques, avec le mur de brique d'un côté et une palissade de caisses de bouteilles de l'autre, et il déduit qu'il est en train d'arriver dans un endroit particulier car, soudain, sans que la distance le justifie, on entend la musique loin, très loin, comme rapetissée, une minuscule musique enfantine, portative, qu'on pourrait vendre dans les boutiques artisanales des aéroports. Une marche le trahit, il trébuche, et s'aperçoit que la poche déchirée est celle qui contenait les différentes drogues. Trop tard : il sent, comme s'il était victime d'une légère hémorragie, que les papiers et les petits sachets de plastique contenant les cachets tombent par terre. Il pourrait se baisser pour les ramasser ; il demeure immobile, effrayé par une impression de menace imprécise. Il pressent qu'il y a des gens, tout près de lui, qui pourraient lui damer le pion, peut-être la femme au gilet doré, qui s'est volatilisée dans les airs, peut-être les trois hommes au crâne rasé qui sont en train de faire la queue sur le côté en attendant quelque chose, appuyés contre la palissade de caisses de bouteilles. Au centre de la pièce, une espèce de salle de bains vaguement circulaire, comme dessinée avec un compas préhistorique, aux murs ventrus et au plafond bas, Celso l'observe, surpris, immobile comme une statue. Il tient une tondeuse vrombissant encore à quelques centimètres de la tête à moitié rasée d'un jeune gars, gros, portant des vêtements de sport, que contient à peine le vieux fauteuil à roulettes où il est assis et qui se contemple avec un air amusé dans le fragment de miroir accroché au mur d'en face. Derrière lui, sur le mur opposé, il y a trois toilettes avec les portes entrouvertes, et trois paires de pieds avec les pantalons en accordéon autour des chevilles. Il suffit que l'ancien combattant se contente de *penser* à se baisser pour que l'air de la pièce change, se déséquilibre, agité par deux épaisses masses humaines qui se ruent rapidement dans sa direction, prêtes à tout. Mais il se baisse tout de même et ferme instinctivement les yeux, croyant qu'il va ainsi amortir l'impact, et lorsqu'il s'avoue déjà mort il entend la voix de Celso qui dit : « Pas de problème : c'est un ami. C'est moi qui l'ai emmené. » Tout se calme, les gestes reprennent. La tondeuse descend et son vrombissement s'assourdit en s'enfonçant dans les cheveux du gros. L'ancien combattant ramasse le sachet en plastique et les papiers. « Allez, approche, lui dit Celso. Je finis avec celui-ci et je suis à toi. »

Il ne saura jamais tout à fait ce qui était en jeu ce soir-là à la discothèque. Il ne saura jamais si l'intervention de Celso lui sauve la vie, ou lui évite simplement une bonne raclée, ou lui permet juste de ne pas se faire voler la provision de drogue sur laquelle il compte pour survivre cette semaine, à peine suffisante, par ailleurs, et à laquelle Celso, de toute façon, finit par le convaincre de renoncer, et c'est ainsi qu'il la partage entre les participants de la séance, comme si elle leur avait toujours été destinée, et cautionne la supercherie qui l'a sauvé. Il sait, oui, qu'il ne va plus avoir de cheveux, car la mise en scène implique que Celso le fasse asseoir sur le fauteuil et le tonde lentement, très lentement, en s'arrangeant pour que les touffes de cheveux, telles les feuilles d'un arbre exotique, tombent au ralenti des deux côtés du fauteuil roulant, tandis que les deux témoins gémissent avec une certaine asynchronie dans les toilettes. Mais c'est juste une idée, peut-être une hallucination, et il vient de s'apercevoir vraiment, au moment où il sort dans le froid de la nuit et où il se remplit les poumons d'air, comme s'il avait été des heures en train de patienter sous la pluie, et qu'il sent des millions de minuscules épingles lui frotter la tête, que s'il s'est agi d'une idée il s'est agi d'une idée qui s'est produite en lui, dans son propre corps. Ce n'est ni agréable ni désagréable ; c'est le prélude, le brouillon d'un état qui pourrait un jour signifier quelque chose. Il n'a pas l'impression d'avoir laissé à nu une zone qu'il n'avait connue que couverte, comme cela lui arrive une fois où, pour l'opérer, on lui rase l'aine et qu'en sortant de l'anesthésie il tâte la zone rasée et la pulpe de ses doigts le surprend comme si celle-ci avait été glacée, ou comme si elle avait directement touché une artère, mais plutôt l'impression qu'une nouvelle partie a poussé sur son corps, tout un pan de peau vierge, flambant neuf, sans âge, et même encore sans pores, qui gaine son crâne comme les bas de laine gainent les formes de bois avec lesquelles sa mère raccommode à Paris, juste après leur arrivée. Plus tard, en entrant dans la pizzeria des galeries *Pacífico* où il a rendez-vous avec Celso pour le remercier de son intervention, il ressent un frisson, ses mains deviennent toutes moites, le bout de son nez livide, et il commence à trembler, et probablement qu'il s'évanouirait ou sortirait à toute vitesse pour se réchauffer à la chaleur de la nuit si Celso, juste en l'apercevant au moment où il entre, avant même de prendre place à la table, ne lui avait enfoncé un bonnet de laine sur la tête. Il a pensé à tout. En effet, la première chose qu'il fait en s'asseyant, c'est de lui rendre l'argent que l'ancien combattant a perdu en se débarrassant de la drogue, des billets sales, tout froissés, qu'il tire au compte-goutte de plusieurs poches et pose sur la table en formica et se met ensuite à lisser de ses doigts difformes. L'ancien combattant tente de refuser, mais il comprend tout de suite que c'est inutile et le regarde faire en silence, réconforté par la tiédeur que la laine transmet déjà à sa tête, puis il l'invite à manger.

Ils n'ont pas grand-chose à se dire. Chaque fois que l'un d'eux ouvre la bouche pour parler, Celso pour lui décrire, entre deux bouchées, l'angle des rues Haedo et O'Leary à Asunción où ses parents possèdent aujourd'hui un salon de coiffure et où il rêve d'ouvrir un jour un salon de beauté à son compte, un salon de luxe, avec une annexe pour *shavers*, l'ancien combattant, désireux de lui rendre la pareille, pour lui décrire la jungle qu'a traversée son père, tout près de la frontière avec le Paraguay, un train passe en rugissant sur le pont de Pacífico en faisant trembler les vitrines de la pizzeria et la table et les oblige à se taire, et lorsque le rugissement s'évanouit ils demeurent silencieux, comme effrayés. Il y a entre eux cette étrange intimité, à la fois échevelée et indestructible, qui unit deux inconnus qui survivent ensemble à un accident ou à une catastrophe : la proximité, la confiance et aussi l'inconsistance de ceux qui n'ont rien partagé d'autre qu'une tranche de hasard. Ce n'est pas grand-chose et cependant c'est tout. L'ancien combattant ne pourrait en demander davantage. Pour le spectre qu'il est, pour le laissé-pour-compte qui ne peut plus se déplacer sans traîner des pieds, pour l'ombre qu'un poids indescriptible enfonce chaque jour un peu plus profondément dans la terre, qui ne tardera pas à l'avaler, les deux heures qu'il passe à Pacífico avec cet inconnu qui vient de lui raser le crâne sont un baume étrange, un antidote auquel il n'a pas l'intention de renoncer. Quelle bénédiction de ne pas posséder un passé commun. Quelle bénédiction de ne pas se sentir obligé de progresser. Rien derrière, rien devant. Il leur suffira de répéter autant qu'ils le voudront cette délicate contingence, ici, dans cette pizzeria crapuleuse aux murs carrelés, ou n'importe où ailleurs, pour se sentir heureux. Avant de se quitter, l'ancien combattant lui demande combien de temps ses cheveux vont mettre à repousser. Ce n'est pas qu'il regrette, bien au contraire. C'est comme s'il avait goûté à une nouvelle drogue, très chimique, et, bien que content, comme il l'est avec son crâne rasé, l'ancien combattant ne voudrait pas que l'évolution de ses effets, la séquence de ses hauts et ses bas, le surprenne du tout au tout. Il voudrait, comme il le dit, savoir quel est le rythme qu'il va aborder. Celso lui corrige la position du bonnet que l'ancien combattant commence à retirer pour le lui rendre. Enfant à Asunción, dans le salon de coiffure de ses parents où il passe tous les après-midi en revenant de l'école, il entend dire une fois à une employée, une manucure appelée Francisca, qu'on peut couper les cheveux bien ou mal, avec du style où à l'emporte-pièce, avec des ciseaux à trois mille dollars où une scie égoïne, mais que ce qu'il faut respecter coûte que coûte c'est la régularité, une fois par mois, qu'il pleuve ou qu'il vente ou que le plafond du ciel s'écroule sur la tête du monde, car c'est seulement en les coupant une fois par mois que les cheveux peuvent mener la vie qu'ils doivent mener afin de continuer à pousser correctement, de façon saine, afin de continuer à pousser même lorsque tout a déjà cessé de pousser dans le reste du corps et se trouve sur le point de mourir, afin de continuer à pousser même après la mort, car c'est là que se trouve le summum du miracle, parce que les cheveux qui poussent à un mort poussent *dans le monde* des vivants.

Ils se revoient peu de temps après, ils se retrouvent trois, quatre fois, et l'ancien combattant ne se souvient jamais très bien où, ni pourquoi, ni dans quelles circonstances. À peine se disent-ils au revoir que la rencontre s'évanouit sans laisser de trace. De ce rituel amnésique, ce qui reste ce ne sont jamais des jalons, que l'extrême modestie de Celso et la vie indigente de l'ancien combattant rendent inconcevables, mais plutôt des habitudes, des modalités, des façons de faire qu'on emprunte souvent à l'autre sans bien s'en apercevoir et qu'on intègre à sa propre vie avec un naturel époustouflant, comme si on les avait toujours cultivées. Il se peut que ce soit ainsi, de manière imperceptible, comme une habitude qu'on oublie au moment même où on la contracte – et pas nécessairement à partir de la deuxième fois que Celso lui rase le crâne, de bon matin, à présent dans un authentique salon de coiffure *shaver*, assis dans un vrai fauteuil de coiffeur, devant la glace et les témoins invisibles pour lui, situés de l'autre côté du miroir, un miroir Gesell qui leur permet de voir de quelle façon on le rase et de se droguer et de prendre du plaisir sans être vus –, que l'ancien combattant change d'horizon et de monde, qu'il s'éloigne peu à peu de l'orbite de la communauté des survivants historiques à laquelle il semblait condamné et de laquelle dépendait jusqu'alors sa subsistance, des enfants laissés-pour-compte comme lui, des petits-fils de morts ou de miraculés, des parents de martyrs inconsolables, des rejetons plus ou moins abîmés de l'ère des luttes révolutionnaires, et qu'habilité d'une certaine façon par Celso, qui est, comme il ne tarde pas à s'en apercevoir, une vraie référence en la matière, même si sa modestie et son naturel taciturne ne permettent pas de le prévoir, il se met à fréquenter l'ambiance *shaver*, à laquelle ne l'attache à la rigueur que son crâne récemment rasé et où ses différentes drogues représentent moins un luxe récréatif ou un baume pour combattre le désespoir qu'un produit de première nécessité.

À quel moment la perruque, la vraie perruque, commence-t-elle à faire partie de cette même catégorie, ça lui est difficile à dire, à tel point la vie – cette étrange vie qu'ils mènent ensemble mais qu'aucun d'eux n'aurait l'idée d'appeler commune, étant donné que la seule chose qu'ils partagent, en plus de quelques séances de *shaving* où Celso joue toujours le rôle de celui qui rase et lui, l'ancien combattant, celui d'une personne de plus parmi toutes celles qui passent entre ses mains car il n'y a jamais d'autre contact entre eux que celui qui s'établit entre la tondeuse et les cheveux, ce sont toujours ces mêmes fins de soirée qui se dessinent à mesure que la nuit progresse, les aurores silencieuses dans les grills, les stands de nourriture dans la rue, les bars des stations-service – s'écoule avec fluidité, sans dépressions ni pics particuliers, à moins que le remplacement du trois-quarts par la veste de coton, que par ailleurs l'ancien combattant serait incapable de dater, ne constitue un élément faisant partie de la catégorie pic particulier, et s'est installée dans une espèce de discipline docile qu'aucun d'eux n'a imposée et qu'aucun d'eux n'ose violer. À un certain moment, cependant, tout comme l'ancien combattant se découvre vêtu de sa veste de coton, sans savoir d'où elle sort, et tout comme il n'a pas la moindre idée de l'endroit où est passé son trois-quarts, ce que Celso a bien pu en faire, où est allé atterrir ce vêtement qui, tout bien réfléchi, l'a accompagné tout au long des vingt dernières années de sa vie – une chose qu'il ne pourrait probablement dire de personne ni de rien d'autre, excepté peut-être de sa mère, morte à présent, et du fantôme de son père, à qui il a toujours tout dû, et du climat de Paris, humide, étriqué, d'une inhumaine amertume et, de ce point de vue, parfaitement en accord avec le désespoir qu'il porte sur lui depuis le jour où il arrive dans cette ville, à l'âge de six ans –, eh bien c'est également ainsi que Celso, à cause d'un faux pas de sa part, d'une négligence ou de la machination d'un concurrent jaloux, perd son emploi dans le salon de coiffure où il travaille depuis plus d'un an et découvre soudain qu'il est à la rue. Littéralement à la rue car, conséquence naturelle de son renvoi, il perd également l'appartement du quartier de Palermo où il demeure, celui que lui avait cédé en échange d'un loyer plus que modique l'un des patrons du salon de coiffure, précisément celui qui le congédie en le traitant de voleur. Au grand étonnement de l'ancien combattant, formé, comme tout bon exilé, à l'école la plus dure de la précarité, dont il est une espèce d'éternel étudiant et contre laquelle il n'est pas parvenu en quarante ans d'existence à développer le plus élémentaire système d'anticorps, Celso ne bronche pas. Sauf peut-être l'après-midi où il apprend qu'on l'a renvoyé, et qu'il se fait lui-même justice, comme on dit, qu'il se dédommage de l'abus commis envers lui en s'indemnisant avec une série d'instruments de travail qu'il récupère au salon de coiffure, il reçoit les coups sans sourciller, avec moins de sang-froid que d'indifférence, comme s'ils venaient de très loin, comme s'ils avaient été donnés par quelque ennemi hors de lui mais extrêmement distant, et avaient ainsi perdu une bonne partie de leur effet en route. Rien ne change entre eux. Celso ne montre pas qu'il est dans le besoin, il ne lui demande rien : c'est comme s'il ne s'était rien passé. Où et de quoi vit-il, à part des sommes modestes pour l'instant qu'il le voit récupérer après les séances de *shaving*, dont la fréquence n'est par ailleurs pas très régulière ? L'ancien combattant n'en sait rien et il n'ose même pas le lui demander, à tel point que le silence de Celso, son extrême délicatesse, proche de l'hermétisme, pour régler n'importe quelle affaire personnelle, dans lesquels il trouvait auparavant la possibilité d'une sérénité insolite, l'inhibent à présent. Mais il a du mal à dénicher un nouveau travail : une rumeur a circulé parmi les salons de coiffure affirmant qu'il est récalcitrant, que c'est un voleur et qu'il a une certaine propension à la violence, une opinion certainement confortée par les « éléments indésirables » avec lesquels il s'affiche depuis un moment dans le quartier ; et à part quelques clients isolés, dont l'un d'eux n'est autre, si l'ancien combattant ne se trompe pas, que celui dont ce soir il boit le whisky, baptisé pour rire par Celso *tauraía acaranué*, le fou des cheveux, et qui demande à ce qu'on les lui coupe ici, dans le living de son appartement où l'ancien combattant bavarde sans arrêt depuis des heures, le projet de couper les cheveux à domicile n'a donné aucun résultat positif. Sans attendre que Celso le lui demande ou le lui fasse comprendre par certaines scènes, en lui proposant un de ces spectacles pathétiques qui lui viennent souvent à l'esprit lorsqu'il repense au sort de son ami, très ressemblants, par ailleurs, à ceux que lui-même et sa mère ont proposés plusieurs fois tout au long de leur calvaire d'expatriés, l'ancien combattant l'invite à s'installer pour quelque temps dans le petit appartement de Congreso où lui-même, il n'y a pas si longtemps, a été à son tour recueilli. Celso accepte sans hésiter mais sans manifester trop d'enthousiasme non plus, sans l'euphorie qu'il est raisonnable de manifester lorsqu'on voit satisfaire tout à coup un besoin basique et très pressant qu'on attendait urgemment d'assouvir, plutôt comme si la proposition de l'ancien combattant était une proposition de logement de plus parmi toutes celles qu'on lui avait déjà faites. Et voilà qu'à un certain moment, tout comme une autre personne aurait pu lui montrer son album de photos, ou sa collection de disques, ou un paquet de lettres, moins pour sa valeur économique que pour sa valeur sentimentale, ou simplement biographique, l'ancien combattant décide de lui montrer la fameuse perruque.

Un éclair qui s'abattrait verticalement en plein milieu de son crâne ne lui ferait pas le même effet. Shock, *coup de foudre** total, amour à première vue. Bien entendu, le dire à présent est quelque chose de facile, mais à l'époque ? À l'époque rien du tout : de l'argent. L'ancien combattant fait irruption dans le living où Celso est en train de déplier les draps pour faire son lit sur le canapé et il lui montre brusquement la fameuse perruque. Celso la regarde à peine, d'un air distrait. « Elle est belle, oui », lance-t-il, comme s'il l'avait déjà vue, comme s'il avait déjà tenu entre ses mains une bonne centaine de ses sœurs jumelles avec lesquelles la marque avait inondé le marché. Et tandis qu'il s'efforce de séparer deux pans de drap collés l'un à l'autre il lui demande combien elle lui a coûté. Le prix, l'argent, c'est tout ce qui l'intéresse. C'est la seule chose que Celso voudrait que l'ancien combattant considère en elle et c'est cela que l'ancien combattant considère. S'il avait considéré autre chose, s'il avait juste eu l'idée de creuser davantage et de considérer s'il n'y avait rien de plus à considérer, ou quelque chose de différent, de plus ressemblant en tout cas à l'éblouissement qu'à l'apathie avec laquelle Celso ignore la perruque, ou qu'au pauvre intérêt avec lequel il l'humilie, l'ancien combattant ne serait pas là en ce moment, assis sur le sol du living de l'appartement de *tauraía acaranué,* avec une petite jarre de Ye Monks presque vide entre les jambes, tandis que la vraie perruque se perd sans lui, loin de lui, et l'oublie.

Il n'a aucune idée du prix. Il sait qu'aucun argent ne pourrait la payer. À la rigueur on pourrait l'échanger contre quelque chose d'aussi unique, d'inestimable… Une bouteille de Ye Monks, par exemple. Rien ne lui semble plus absurde que l'idée de mettre la perruque sur un des plateaux de la balance et de l'argent, quelle que soit la somme, sur l'autre. Il n'existe pas d'équivalence possible. En revanche, il imagine tout à fait une bouteille de Ye Monks à la place de l'argent, une bouteille neuve, pleine bien sûr, et il n'est pas étonné de voir la balance rester en équilibre, parfaitement stable. Il ne pourrait accepter qu'un troc de cette nature. Mais ça, c'est à présent qu'il le pense, maintenant qu'il est trop tard et qu'il commence à faire froid, le même froid de canard que d'habitude. Car à l'époque, alors qu'il n'est pas encore trop tard, alors qu'il est encore temps de ne pas se tromper, l'ancien combattant se laisse apitoyer par Celso. Il comprend que celui-ci a besoin d'argent, qu'il est désespéré, qu'il a la corde au cou, comme on dit, et que c'est seulement ce type de désespoir sourd, inavouable, qui peut expliquer le soudain réflexe marchand qui s'est emparé de son nouvel ami. Celso est intrigué par le prix de tout, en particulier par celui des différentes drogues que vend l'ancien combattant, et plus particulièrement encore par celui de la cocaïne que, même modérément, et pratiquement toujours lors des séances de *shaving*, où d'une certaine façon tout le stimule, il a commencé à consommer. Au point que l'ancien combattant finit par se mettre en quête d'un acheteur pour la perruque. Il n'est pas du tout convaincu par ce qu'il entreprend. Mais il veut *donner* quelque chose, voilà tout. Il doit pousser à l'extrême la discrétion et la méfiance que requiert sa décision : à presque quatre décennies du moment historique où elle a joué le rôle qu'elle joue, la perruque conserve intacte sa véritable signification, sa valeur symbolique, son pouvoir de provocation. Il a du mal à imaginer le genre de réactions que pourrait réveiller l'annonce de sa mise en vente, mais pas la perplexité ni les questions, qui, comment, pourquoi, à quel prix espère-t-on la vendre et surtout à qui et où, étant donné que s'il n'existe *a priori* rien dans le pays qui ressemble de près ou de loin à un marché officiel de la perruque, il y en aura encore moins un qui soit capable de recevoir, d'estimer et d'acheter une pièce comme celle que l'ancien combattant voudrait vendre : ni plus ni moins que la perruque d'Arrostito, la prothèse blonde un peu clairsemée que la militante montonera[1] Norma Arrostito achète dans la boutique de perruques et de mini-perruques Fontaine appartenant à Felipe Sinópoli, au numéro 1400 de la rue Arenales, et qu'elle se cale sur la tête, et lui allant comme un gant, par un beau matin de mai 1970 avant de séquestrer dans son appartement, à seulement quatre pâtés de maisons de M. Sinópoli, le général Aramburu, symbole s'il en est de l'ennemi militaire et cible numéro un de l'organisation armée.

Ensuite, la façon dont ce trésor hors de prix arrive jusqu'à lui est une longue histoire. Et il semblerait que l'ancien combattant soit d'avis qu'il existe deux genres de longues histoires : celles qui ne se laissent pas résumer, et forcent celui qui les raconte à les raconter exactement de la même façon qu'il les a entendues la première fois, toujours dans leur totalité, avec leurs péripéties collatérales, leurs transitions, leurs recoins les plus secrets, et celles qui acceptent de se laisser traduire en un seul paragraphe, en une seule phrase, parfois en un seul mot. « Ou deux, comme en ce qui me concerne », dit l'ancien combattant, les yeux rivés sur la jarre en terre de Ye Monks qu'il vient de poser au sol : « Mon père. » Comme tout, non seulement tout ce qu'il possède mais aussi tout ce qu'il est et tout ce qu'il fait, la perruque d'Arrostito lui vient de son père, qui fut

1. Les Montoneros sont des guérilleros argentins, appartenant à une organisation fondée en 1970, obéissant à une idéologie péroniste de gauche.

d'abord un militant montonero, comme Arrostito, puis, le temps passant, un fanatique, un malade messianique, un *kamikaze* irrécupérable. La perruque constitue en réalité le seul héritage que lui lègue son père, à part une boussole, une paire de chaussures de montagne et le carnet sur lequel il prend des notes en 1971 dans la forêt sud-tropicale de Misiones à la limite du Paraguay, tandis qu'il est au commandement de l'opération Ortiga, une mission suicide déguisée en expédition de guérilla où il perd ses treize hommes, aussi fous mais environ dix ou quinze ans plus jeunes que lui, et après laquelle, s'étant égaré une nuit en suivant la trace d'un oiseau, un tinamou, on ne le reverra jamais. La perruque, la boussole, les chaussures de montagne et le carnet de notes, tout cela lui revient des années plus tard, alors qu'il parle parfaitement le français et l'espagnol avec un accent et que sa mère, sur le point de mourir, les cordes vocales dévorées par un cancer, remplace les proverbiaux derniers mots du mourant par le numéro et la clé d'un coffre du bureau de poste du quartier de Paris où ils habitent. Il doit tout à son père. Au bout du compte c'est grâce à lui, grâce à cet homme dont il ne possède que quelques souvenirs, d'une part parce que lorsque la forêt dévore son père, il est occupé, lui, à balbutier ses premiers mots, d'autre part parce que le souvenir que celui-ci imprime en lui pendant ses deux premières années, par ailleurs interrompues par plusieurs périodes d'absence que son père consacre à voyager et à s'entraîner pour la révolution imminente ou tout simplement à disparaître, un art toujours salutaire en période de clandestinité, se retrouve complètement écrasé par ce que les autres disent de son père, par ce que montrent les photos, les images d'archives et les films en super 8, par ce que racontent de lui les livres, par ce qu'on évoque de sa vie à l'occasion des hommages qui lui sont rendus à longueur de temps – c'est donc grâce à son père, également, à l'influence spectrale que son nom continue à exercer depuis l'au-delà, qu'il parvient à trouver un acheteur pour la perruque, pas un acheteur quelconque, bien mieux que ça, le seul, en tout cas, dont le laissez-passer peut atténuer ne serait-ce qu'un peu le malaise que réveille chez l'ancien combattant l'idée de vendre quelque chose dont il sait qu'il n'est d'argent au monde qui puisse la payer. La vie du futur acquéreur ne peut en effet être plus exemplaire qu'elle l'est. Il a été un militant, il a été prisonnier, il a consacré la seconde phase de sa vie – la même que d'autres consacrent à « s'insérer » comme des parasites dans le système politique qu'ils ont toujours rêvé de voir mis en pièces, ou à réinvestir dans d'obscures créations d'entreprises le capital de stratégie, de ruse et de manipulation qu'ils ont acquis pendant leur clandestinité, ou, comme l'ancien combattant lui-même, à traîner des pieds comme un fantôme de fantômes – à faire l'histoire de son passé politique et celle des compagnons avec lesquels il a partagé ce passé, les amis et les ennemis, les complices ou les traîtres, à archiver ensuite tous les matériaux, les documents et les livres qu'il trouve à propos des luttes radicales de l'Argentine contemporaine et de ses martyrs – Norma Arrostito en premier lieu, haïe et recherchée comme personne d'autre ne l'a été pour sa participation à l'assassinat d'Aramburu, capturée en 1976 par les militaires, qui la donnent pour morte, enfermée et exhibée comme un trophée, bien peignée et mise en cage, à l'École supérieure de Mécanique de la Marine pendant quatre cent dix nuits, au terme desquelles elle se consacre au tarot, assassinée enfin en 1978 – et puis à devenir le plus grand collectionneur de *memorabilia* des années soixante-dix existant dans le pays tout entier. L'ancien combattant le contacte et lui propose la perruque. L'autre ne le croit pas, il éclate de rire, puis il se fâche et raccroche furieux, comme si on l'avait insulté. S'il ne raccroche pas la deuxième fois, une minute plus tard, c'est parce que l'ancien combattant s'empresse de lui dire qui il est, et que lorsqu'il prononce le nom de son père, le collectionneur devient muet. Il ne faut pas plus de cinq minutes à l'ancien combattant pour obtenir tout ce qu'il désire : le rendez-vous, les détails de l'opération, le prix fabuleux, que dans un premier temps, après l'avoir entendu, le collectionneur répète à haute voix, scandalisé, et renâcle à payer, mais qu'il finit par accepter lorsqu'il lui propose de compléter le lot avec la boussole, les chaussures de montagne et le carnet de notes de son père, toutes les pièces que l'ancien combattant lui a raconté qu'il possédait un instant auparavant, pour lui expliquer comment la perruque est tombée entre ses mains et le persuader que c'est la vraie, la perruque d'Arrostito. Il se demande s'il doit raconter cet épisode à Celso. Après y avoir réfléchi plusieurs jours, il décide que non, car il craint les réactions que pourrait produire une semblable nouvelle, salutaire mais dramatique, sur la nature plutôt atone de leur relation. Un jour, cependant, au petit matin, en revenant ensemble en train d'un marathon de *shaver* dans un club de Villa Urquiza, il commet l'erreur de lui en parler. Souvent lorsqu'ils doivent entreprendre de semblables longs voyages de retour ils finissent par s'endormir. C'est le prolongement le plus naturel, non seulement de la fatigue qui les abat au terme de toute une soirée de travail, même lorsque, comme lors de cette soirée en particulier, où pour se sentir en forme, ils s'administrent de petites doses de drogue qu'ils prélèvent sur la provision destinée à être vendue aux témoins de l'état de silencieuse méditation dans lequel ils sont en train de s'enfoncer. Bien que sa tête tombe toute seule, lorsqu'il s'assoupit sous l'effet du bercement du train, l'ancien combattant ne parvient pas à s'endormir vraiment. Celso est inquiet, les mains posées sur la garniture en cuir, comme s'il allait soudain bondir de son siège. Il lui demande une dose, la dernière. L'ancien combattant lui explique qu'il n'en a plus, qu'il a tout vendu au cours de la soirée. Pensant qu'il lui ment, Celso s'agenouille sur le sol du wagon et le supplie de lui donner un rail, juste un rail. Il n'en demandera pas plus. Puis il comprend qu'il lui dit la vérité et fond en sanglots aux pieds de l'ancien combattant, et lorsqu'il tourne à nouveau son visage vers lui, désormais sans illusion mais avec son désir de le supplier encore visible sur ses pommettes, avec sa mâchoire et sa bouche tordues, il est devenu méconnaissable. Pour le consoler, l'ancien combattant finit par lui avouer les tractations qu'il a menées autour de la perruque. Il lui parle du prix, de la date de la vente, d'absolument tout. Celso bafouille quelques légères protestations et semble se calmer. Lorsqu'ils arrivent à l'appartement du quartier de Congreso, le jour est déjà levé. En se rendant dans sa chambre, l'ancien combattant aperçoit Celso par l'entrebâillement de la porte de la salle de bains, en train de se démaquiller avec des disques de coton couverts de crème. Il ne le sait pas encore, mais c'est la dernière image qu'il conservera de lui. Car lorsqu'il se réveille, le lendemain, il n'est déjà plus là, et il ne sait absolument rien de lui pendant les trois jours qui suivent. L'ancien combattant ne s'alarme pas : c'est ainsi, par intermittence, qu'il a appris à le connaître. Un soir, vendredi dernier au soir, il l'attend en vain dans le sous-sol *shaver* du quartier d'Almagro où ils se sont donné rendez-vous. Il l'appelle sur son téléphone mobile, qui lui rend la voix somnolente de Celso, enregistrée lors d'une longue soirée, ainsi que le prologue instrumental d'« Adiós en el muelle », la chanson de Pipa para Tabaco qu'il lui a fait écouter jusqu'à saturation totale. Il le rappelle un peu plus tard, depuis chez lui, et tandis qu'il attend qu'on décroche à l'autre bout, il entend la sonnerie familière d'un téléphone, quelques gouttes de harpe paraguayenne, qui retentit quelque part dans l'appartement. Elle vient des entrailles du canapé-lit du living. C'est le téléphone mobile de Celso. Il se précipite alors sur le placard camouflé de la cuisine où il range ses trésors et découvre que la perruque a disparu. À sa place, il trouve un bout de papier collé avec du scotch adhésif sur lequel on peut lire « le malade des cheveux » et la fausse perruque.

C'est aussi le petit matin et une patine lumineuse, comme une cataracte, commence à voiler le ciel lorsque, en faisant un effort surhumain, comme s'il devait rassembler son propre corps épars, l'ancien combattant se relève en tremblant comme une feuille. Il sent un froid atroce, comme si le monde entier était sous terre, et il est complètement soûl. Il lui propose de rester dormir. Il n'a pas de matelas, mais il peut tout à fait en improviser un avec une paire de couvertures et des serviettes de toilette. L'ancien combattant acquiesce d'un signe de tête, pensif. Il a les yeux fixés sur le bout de ses chaussures et se balance dangereusement sur ses talons. Finalement il le remercie et lui dit non. Il ne veut plus de refuge. Suffit, les refuges. Il considère qu'il est assez payé avec la bouteille de Ye Monks. Il pense l'ajouter à la boussole, aux chaussures de montagne et au carnet de notes de son père. À propos, est-ce que quelque chose l'intéresse, dans tout ça ? La boussole ? Les chaussures de montagne ? Le carnet de notes de son père dont les cheveux, où qu'ils soient après sa mort, doivent toujours être en train de pousser au royaume des vivants ? Il lui fait ses adieux en bas, devant la porte d'entrée, et lorsqu'il l'ouvre pour le laisser sortir il sent la douce et bénéfique gifle de l'air à peine frais de ce petit jour d'été. L'ancien combattant descend sur le trottoir presque d'un saut, avec l'intrépidité comique des gens soûls, et il demeure immobile devant la file de voitures en stationnement, tout en cherchant un espace pour traverser la rue. Lui reste de ce côté, à l'intérieur : du côté du froid. Il n'est pour lui d'autre idée de vie possible que la vie polaire dans laquelle il vit depuis qu'Eva l'a quitté, et qu'il cultive et embellit en maintenant l'appartement dans un hermétisme des plus strict, fenêtres toujours closes, zéro circulation d'air, interdiction d'utiliser les réchauds de la cuisine, se débarrassant de tout, des meubles, du linge, des vêtements, des tableaux, des livres, qu'il cède à Eva, qu'il convainc même d'accepter, y compris contre sa volonté, ou qu'il offre puis qu'il aperçoit, quelques jours plus tard, lorsqu'il va solliciter un nouveau délai pour payer les dépenses, suspendus aux murs de la loge ou même portés par le concierge. Il n'a jamais aussi peu souffert. Il y a dans cette condition algide qui l'entoure un extraordinaire soulagement, un miracle anesthésique qu'il ne saurait comment payer. Il ne met pas très longtemps à comprendre que, s'il a choisi cette condition, c'est pour que le moindre souffle tiède, pas chaud, à peine tiède, l'air frais, par exemple, qui filtre ce matin à travers la porte entrouverte de la rue lorsque l'ancien combattant lui tourne le dos et repart vers ses affaires, en traînant des pieds, le fasse frissonner de la tête aux pieds et renaître une nouvelle fois, en toute brutalité, de la même façon que le courant électrique d'une machine posthume fait revenir à la vie le cœur cassé d'un mort. Le gel le protégera, pense-t-il. Le maintiendra intact, jeune, impossible à corrompre.

C'est pour cela qu'il hésite un peu lorsque quelques jours plus tard, alerté par une ex-camarade de classe qui a pris la peine de retrouver sa trace et l'appelle et le surprend dans son terrier glacial, il sort de l'ascenseur automatique d'une clinique du centre et se sent freiné, comme hébété par la densité ardente de l'air de la salle d'attente. Il pense un instant qu'il pourrait fondre, comme un morceau de cire ou de sucre dans du liquide bouillant. Mais il poursuit sa progression. Il règne un tel silence qu'il parvient à entendre les froissements de ses propres vêtements. Il avance le long d'un couloir éclairé par une lumière blanche, enveloppé par un parfum très chimique, et après avoir délicatement poussé une porte il s'immobilise dans une antichambre minuscule, comme un vestiaire ou une cabine d'essayage, il passe ses mains sous plusieurs décharges de désinfectant et place un masque devant sa bouche. Il n'y a presque pas de lumière dans la chambre où le parfum, comme la chaleur, devient presque insupportable. Il faut qu'il s'approche jusqu'à venir toucher le pied du lit en fer pour découvrir son meilleur ami en train de dormir sur le dos, pâle, amaigri, un sourire moqueur aux lèvres et le bras droit dénudé, posé sur le couvre-lit, dans la veine duquel coule goutte à goutte, avec une lenteur néfaste, une espèce de miel fluide. Une clarté extrêmement ténue, adoucie au maximum, descend, comme venue du passé, du tube de lumière situé à la tête du lit. La fille aux mocassins rouges s'est endormie dans le fauteuil, à cinquante centimètres du lit, probablement après avoir retiré ses mocassins rouges qui semblent être en grande conversation par terre, et tandis qu'elle lisait à l'aide d'une lampe de poche qui à présent, à la dérive, embrasse de son œil lumineux un mot, un seul, *précocité*, en l'agitant sur la ligne, sur la page du livre qui hésite à se refermer sur sa jupe. On entend une musique très douce, ou très lointaine, et sur l'écran d'un téléviseur un arbitre court en silence pour aller admonester deux joueurs qui se bagarrent sur la pelouse. Tout blancs, d'un blanc pur et parfait, comme les nuages de sucre qu'enfant, sur les places, il n'ose jamais manger, convaincu qu'il est impossible qu'une chose aussi blanche soit comestible, les cheveux de Monti brillent sur l'oreiller. Il se déplace avec délicatesse. Il saisit la lampe de poche entre les pages du livre de la fille aux mocassins rouges et parcourt le visage de Monti avec le faisceau de lumière, comme s'il le dessinait dans la pénombre. Le traitement a déjà emporté la moitié de ses sourcils. Il n'a laissé que deux petits traits incomplets, horizontaux, qui se détachent nettement sur la peau pâle, comme un maquillage japonais. Il se demande combien de temps va passer avant que les cheveux de Monti fassent de même, combien avant que les marques secrètes de la tête voient à nouveau la lumière. Combien de temps avant qu'il puisse lui donner enfin, comme il le découvre à présent, ce qu'il a gardé depuis la dernière fois qu'il l'a vu. Il pose la petite lampe de poche dans le pli du livre, se penche sur la fille aux mocassins rouges et frôle doucement sa bouche avec la sienne toujours couverte par le masque. De retour dans la rue, il pénètre dans le premier salon de coiffure qu'il trouve – meubles en rotin, gros coussins à fleur, vieux séchoirs à cheveux sur pied –, s'assoit et demande :

« Rasez-moi le crâne. Mais ne jetez pas les cheveux. Je voudrais les emporter. »

In memoriam M. M.

Réalisation : Nord-Compo à Villeneuve-d'Ascq
Impression : CPI Firmin-Didot à Mesnil-sur-l'Estrée
Dépôt légal : août 2010. N° 2067 (100798)
Imprimé en France